L'APICULTURE EN TOUTE SIMPLICITÉ

Un guide du débutant pour une douce réussite

DAVID BARD

TABLE DES MATIÈRES

INTRODUCTION 3

Chapitre 1 : L'ÉCOUTE DES ABEILLES ET COMMENT COMMENCER 5

    CE QUI EST DIFFICILE DANS L'APICULTURE 20

Chapitre 2 : COMMENT OBTENIR DES ABEILLES DE MIEL 25

    L'IMPORTANCE DES ABEILLES POUR L'HOMME ET LA PLANÈTE 28

Chapitre 3 : COMMENT METTRE EN PLACE VOTRE PREMIÈRE RUCHE 36

Chapitre 4 : Comportement et caractéristiques des abeilles 47

Chapitre 5 : GESTION ET ENTRETIEN DES ABEILLES . 72

Chapitre 6 : COMMENT RÉCOLTER LE MIEL 106

Chapitre 7 : DÉPANNAGE DES DÉFIS COURANTS 115

Chapitre 8 : COMMENT METTRE EN PLACE ET REMPLIR SA PREMIÈRE RUCHE D'ABEILLES 123

    FAIRE FACE AUX PIQÛRES D'ABEILLES ET AUX RÉACTIONS ALLERGIQUES 130

CONCLUSION 135

    RÉFÉRENCES 138

INTRODUCTION

En plus d'être un passe-temps intéressant, gratifiant et humble, l'apiculture peut potentiellement augmenter le nombre d'abeilles mellifères en bonne santé. Bien que l'apiculture exige un certain niveau d'étude et de responsabilité, elle n'est pas aussi compliquée qu'on le croit.

L'apiculture est une compétence qui s'acquiert et s'améliore comme toute autre compétence. Pour commencer, il suffit d'un bon emplacement, de quelques outils de base pour l'apiculture et de beaucoup de patience. Il est essentiel d'étudier le plus possible avant d'installer votre première ruche afin de préserver la santé et la productivité de vos abeilles, car l'apiculture implique de prendre soin d'êtres vivants.

L'apiculture est l'art d'élever, de contrôler et de reproduire des abeilles - typiquement des abeilles domestiques - dans des ruches artificielles. Certains le font simplement par intérêt pour les abeilles et par désir de contribuer à l'augmentation de leur population, tandis que d'autres élèvent des abeilles pour vendre ou consommer du miel ou pour polliniser les fleurs des fruits et légumes de leur ferme, de leur jardin ou de leur lotissement.

Nous verrons comment assurer la santé et la prospérité de votre colonie d'abeilles, et nous vous aiderons à prendre les décisions et à accomplir les tâches apicoles les plus importantes. Ce livre contient toutes les informations nécessaires, depuis le choix de la ruche idéale jusqu'au démarrage de votre colonie d'abeilles. Découvrez comment extraire le miel et examiner votre ruche.

Vous y trouverez des instructions faciles à suivre pour commencer. Un guide complet pour gérer les scénarios apicoles les plus urgents est également inclus dans les pages de ce livre, couvrant des sujets tels que le comportement et les caractéristiques des abeilles, le maintien de la santé et de la productivité de votre reine, et le dépannage de tous les problèmes courants qui peuvent émerger, allant des parasites aux maladies et à tout ce qui se trouve entre les deux.

Ce livre vous propose un plan de bricolage pour accueillir nos amis volants dans votre jardin et créer une ruche sûre et productive.

Chapitre 1 : L'ÉCOUTE ET COMMENT COMMENCER

Si vous souhaitez devenir apiculteur, il vous incombera de fournir à vos abeilles un habitat sûr et sécurisé afin qu'elles puissent exercer leurs activités naturelles. Vous veillerez à ce que les abeilles disposent de suffisamment de nourriture et d'eau et vous les aiderez à se défendre contre les maladies, les parasites, les prédateurs et les conditions météorologiques défavorables.

Le principe de l'apiculture est qu'elle peut être bénéfique à la fois pour vous et pour vos abeilles. En plus de profiter d'un miel biologique et d'un jardin sain, vous vous adonnerez à un passe-temps intriguant et éducatif qui protégera vos abeilles de toute menace tout en leur fournissant les conditions idéales pour se développer.

Les scientifiques ont officiellement proclamé que les abeilles étaient l'organisme le plus important sur Terre.

Elles sont nos meilleurs pollinisateurs et leur travail acharné est vital pour 70 % de l'agriculture mondiale. D'après les recherches, l'abeille domestique est l'espèce la plus répandue pour visiter les fleurs et polliniser les cultures dans le monde.

Quatre mille des quelque 20 000 espèces d'abeilles identifiées dans le monde sont originaires des États-Unis. Leur taille varie de celle d'une espèce d'abeille charpentière de la taille d'un kumquat à celle de la minuscule (2 mm) et solitaire Perdita minima, que l'on appelle l'abeille la plus minuscule du monde. La variété des tailles, des formes et des couleurs de nos abeilles correspond à celle des fleurs qu'elles pollinisent. Même si de nombreuses abeilles indigènes sont plus petites que des grains et que 10 % de toutes les abeilles des États-Unis ne sont pas nommées ou sont mal documentées, toutes ces abeilles ont besoin de pollinisateurs.

Dans la majeure partie du pays, les abeilles indigènes sont les principaux insectes pollinisateurs des plantes agricoles. Elles pollinisent les myrtilles, les airelles, les tomates, les courges et les cerises. Avant que les colons européens n'introduisent les abeilles domestiques dans le pays, les abeilles indigènes y coexistaient (les abeilles domestiques ne sont pas originaires d'Amérique du Nord). Alors que les abeilles indigènes, telles que l'abeille bleue des vergers, sont des pollinisateurs plus efficaces pour de nombreuses cultures, dont certaines se sont développées en Amérique, les abeilles mellifères sont essentielles pour quelques cultures sélectionnées, telles que les amandes et les citrons. On estime que les abeilles indigènes pollinisent 80 % des plantes en fleurs dans le monde.

Les colonies d'abeilles qui vivent sur un grand nombre de nos plantes sauvages et cultivées sont si spécialisées qu'elles ne visitent que ces plantes. La préservation et la promotion de toutes nos plantes indigènes en fleurs est l'aspect le plus crucial de la conservation des abeilles.

Le Royaume-Uni compte 250 espèces d'abeilles : 224 espèces d'abeilles solitaires, 25 espèces de bourdons et un type d'abeille domestique. Toutefois, 35 espèces d'abeilles britanniques sont actuellement menacées d'extinction, et les risques pesant sur une seule d'entre elles pourraient avoir un impact significatif sur la taille des populations.

Même si les apiculteurs élèvent les abeilles mellifères principalement dans des ruches artificielles, leur survie dépend essentiellement de l'activité humaine. Par exemple, entre 1985 et 2005, le nombre de ruches d'abeilles domestiques a diminué de 50 % en Angleterre, ce qui a coïncidé avec une réduction des populations d'abeilles.

Mais comme les abeilles mellifères sont vulnérables aux maladies et aux parasites, en particulier aux acariens Varroa, la capacité des apiculteurs à entretenir leurs ruches est tout aussi cruciale pour la santé des populations d'abeilles sauvages et mellifères. Le varroa est un minuscule parasite qui se nourrit de la vigueur des abeilles en se fixant sur leur corps et en propageant des maladies. Les apiculteurs peuvent protéger non seulement leurs abeilles mellifères, mais aussi la santé des abeilles sauvages en sachant comment entretenir au mieux leurs ruches. Certaines données suggèrent que les maladies et les virus qui affectent les abeilles mellifères peuvent se propager aux abeilles sauvages.

En introduisant des abeilles saines dans la population et en augmentant leur nombre, les apiculteurs qui élèvent des abeilles saines peuvent contribuer à renforcer le patrimoine génétique des abeilles mellifères.

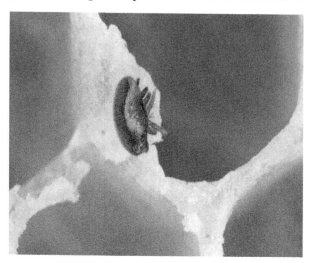

Varroa

COMMENT COMMENCER L'APICULTURE

Étape 1 : Acquérir des connaissances sur les abeilles mellifères et la ruche

Les abeilles sont des créatures très sociales. Elles résident dans une zone appelée colonie. Par essence, une colonie est une famille d'abeilles. Il y a une reine dans la colonie. La reine, la mère de toutes les abeilles de la ruche, est la seule femelle de chaque colonie. Sa principale responsabilité est de pondre des œufs. Elle est la seule femelle à s'accoupler dans la ruche.

Les abeilles ouvrières constituent la majeure partie des abeilles d'une colonie. Bien qu'elles soient entièrement femelles, les abeilles ouvrières ne s'accouplent jamais et ne pondent pas d'œufs. Elles effectuent la majorité des tâches dans la ruche, y compris la collecte de nourriture, le nettoyage de la ruche, l'alimentation des œufs et des larves et leur maintien au chaud, le refroidissement de la ruche en été et la production de chaleur en hiver. Les abeilles ouvrières effectuent presque toutes les tâches de la ruche, à l'exception de la division reproductrice.

Cela m'amène à parler du troisième membre de la colonie : les mâles. L'abeille mâle, souvent appelée faux-bourdon, est la progéniture de la reine et le frère des abeilles ouvrières. Leur tâche consiste à s'éloigner de la ruche et à attendre qu'une reine passe dans les régions de rassemblement des faux-bourdons. L'abeille mâle tente de poursuivre la reine et de s'accoupler avec elle s'il en aperçoit une. Il meurt après l'accouplement. Lorsque les fleurs éclosent en nombre insuffisant (ce que les humains appellent la fin du flux de nectar), les abeilles ouvrières le poussent hors de la ruche s'il ne s'accouple pas (et il meurt peu de temps après).

En effet, la capacité de survie d'une ruche ne dépend pas des faux-bourdons. La reine ne s'accouple pas avec les faux-bourdons de sa ruche (ses fils). Les faux-bourdons sont expulsés lorsque la nourriture se fait rare dans la colonie afin d'éviter que la ruche ne perde le précieux miel qu'ils ont laborieusement récolté.

Étape 2 : Assurez-vous que vous ne souffrez pas d'une allergie aux abeilles

Il est possible que vous ayez été piqué par une guêpe et que vous n'ayez pas gonflé, mais veillez à ne pas réagir négativement aux abeilles. Il est normal que la plupart des personnes réagissent légèrement après une piqûre, par exemple en présentant un gonflement et des démangeaisons pendant quelques jours.

Des palpitations cardiaques, des démangeaisons de la paume des mains et de la plante des pieds, une constriction de la gorge, des difficultés à avaler et/ou à respirer sont des indicateurs d'une allergie grave. En cas de doute, demandez à votre médecin de vous faire passer un test d'allergie. Quel que soit l'équipement de protection que vous portez, vous finirez par être piqué. Les abeilles peuvent grimper dans les petites fissures à la jonction de votre pantalon et de vos chaussures ou sous vos gants. Peut-être qu'une abeille s'est posée sur votre dos et que vous l'avez pressée par erreur en enlevant votre combinaison. Les possibilités sont infinies.

Étape 3 : Expérimentez ! (facultatif)

Bien que cette étape ne soit pas obligatoire pour devenir apiculteur, le fait de la franchir dès maintenant peut vous épargner beaucoup de soucis, d'argent et de temps par la suite. Il est fortement recommandé de trouver un apiculteur local à suivre. De nombreuses personnes ne sont pas conscientes de la difficulté et de l'intensité de l'apiculture jusqu'à ce qu'elles l'essaient.

Si vous avez des difficultés à trouver quelqu'un à suivre, contactez votre organisation apicole locale et demandez-lui de lancer une demande par courriel à ses membres pour voir si quelqu'un serait intéressé à vous laisser passer un peu de temps avec eux et leurs abeilles. Offrez votre aide s'il y a un moyen de vous rendre la pareille. Aidez à transporter les abeilles si vous êtes assez fort pour le faire. Proposez d'étiqueter les pots ou d'aider à la récolte du miel. Si vous êtes dessinateur, proposez-leur de créer gratuitement une étiquette pour le miel. Soyez inventif et réfléchissez à la manière dont vous pouvez aider à accomplir des tâches désagréables.

Étape 4 : Localiser un lieu

Avez-vous un emplacement pour vos abeilles ?

Lors de la recherche d'un emplacement pour vos ruches, vous devez.. :

- Beaucoup de fleurs, en particulier sur les arbres qui fleurissent
- Zone légalement autorisée
- Silencieux et loin des hommes et des animaux
- Niveau
- Une distance raisonnable

S'il est bon de garder les abeilles à l'écart des humains et des animaux, il faut aussi tenir compte du fait que, lorsque vous récoltez du miel, vous devez apporter de grandes boîtes à miel dans votre maison. Une fois remplies, ces caisses peuvent peser jusqu'à 35 livres. En hiver, vous devrez également déblayer la neige sur le chemin de l'entrée principale et enlever les abeilles mortes qui l'obstruent toutes les deux semaines. Trouvez l'endroit idéal, ni trop près ni trop loin.

Ce qu'il ne faut pas rechercher dans un site apicole :

- lumières vives
- à côté d'un endroit où les enfants et/ou les chiens passent du temps
- à proximité des allées et des lieux de passage
- à proximité de la piscine
- raide
- une longue randonnée inaccessible en voiture

Avant de prendre cette décision, assurez-vous que toutes les personnes présentes sur la propriété ou qui seront touchées par les abeilles sont favorables à l'élevage d'abeilles chez vous et qu'elles ne sont pas allergiques.

S'il y a une piscine à proximité, soyez prudent : même si vous leur donnez accès à l'eau, les abeilles seront probablement attirées par les piscines.

Il existe de nombreux autres endroits où vous pouvez élever des abeilles si vous ne pouvez pas le faire chez vous. Les centres de retraite, les parcs de bureaux, les écoles, les cimetières, les toits et les jardins botaniques sont d'excellents endroits pour prendre contact avec les abeilles.

Étape 5 - Matériel apicole

Un apiculteur place une colonie d'abeilles dans une ruche. Celle-ci devient la demeure des abeilles, où elles conservent leur miel et élèvent leurs jeunes abeilles ou couvain.

Le matériel utilisé en apiculture est très varié. Pour vous faciliter la tâche, commencez par le type de ruche le plus répandu dans votre région. La plupart des apiculteurs américains utilisent des ruches Langstroth. Cela facilite grandement la recherche d'aide et l'achat de matériel.

Étape 6 : Le rôle de l'apiculteur

Tout va bien jusqu'à présent, n'est-ce pas ? Vous devez maintenant comprendre ce que fait un apiculteur. Il s'agit là d'un sujet ENORME. Les responsabilités essentielles d'un apiculteur comprennent cinq tâches principales.

Les tâches de l'apiculteur comprennent

Gérer l'espace

L'espace intérieur de la plupart des ruches peut être modifié en fonction des besoins de la colonie. La ruche doit être petite lorsque la colonie est petite. L'apiculteur agrandit la ruche au fur et à mesure que la colonie se développe. Pour ce faire, il déplace la planche à suivre dans une ruche à barrettes ou ajoute des boîtes à une ruche Langstroth. La colonie diminuera et les boîtes seront retirées au fur et à mesure qu'elle se refroidira.

Vous gérez également l'espace en aidant la ruche à se préparer à l'hiver. Pour ce faire, il faut regrouper les abeilles dans quelques boîtes, ajouter de l'isolation, une entrée plus haute, de la nourriture sur le dessus et un matériau qui absorbe l'humidité.

Protéger

De nombreux animaux veulent soit voler le miel produit par les abeilles, soit utiliser une ruche douillette et chaude comme lieu d'habitation. Une ruche a été attaquée et parfois même détruite par des ours, des guêpes, des mouffettes, des souris et d'autres colonies d'abeilles.

Lorsque la ruche devient plus froide la nuit, un protège-souris est placé sur l'entrée pour empêcher les souris d'entrer. Les mouffettes peuvent être repoussées en surélevant la ruche d'au moins 18 pouces ; les ours peuvent généralement être tenus à distance en érigeant une clôture électrique autour des ruches (mais veillez à installer la clôture avant qu'un ours n'attaque la ruche). Lorsqu'ils goûtent le délicieux miel d'une ruche, une clôture électrique peut ne pas suffire à les dissuader.

Une colonie peut également être attaquée jusqu'à l'effondrement par d'autres abeilles et guêpes. Avant qu'il ne soit trop tard, l'apiculteur doit reconnaître l'agression et aider la colonie. C'est ce qu'on appelle le vol, qui se produit souvent à la fin de l'été ou au début de l'automne, après une sécheresse, lorsque les fleurs sont tombées, ou en cas de pénurie - une période de chaleur accompagnée de peu de fleurs écloses qui rendent difficile la recherche de nourriture pour les abeilles. En réduisant l'entrée de la ruche, vous leur offrez une zone plus petite à défendre et vous devez vous assurer qu'il n'y a pas de sirop ou de miel à l'extérieur des ruches pour attirer d'autres pollinisateurs.

Chèreté

Une pénurie survient lorsque peu de fleurs fleurissent, ce qui rend difficile pour les abeilles de trouver de la nourriture à collecter. Le milieu de l'été, lorsqu'il fait très chaud et sec, et la fin de l'été ou le début de l'automne, lorsque la plupart des fleurs d'été sont fanées, sont des saisons courantes de pénurie.

Lutte contre les parasites

Le petit coléoptère de la ruche, la fausse teigne et le varroa sont les trois principaux parasites qui attaquent une ruche. Le principal parasite auquel l'apiculteur doit faire face est le varroa. Les apiculteurs doivent maintenir une ruche saine de manière proactive plutôt que d'attendre que la ruche s'affaiblisse en raison d'une infestation d'acariens. Parfois, une ruche ne peut pas se rétablir une fois qu'elle est devenue visiblement faible.

La compréhension de la lutte contre les parasites est essentielle à la survie de votre ruche.

Gérer les réserves alimentaires

Il se peut que vous deviez nourrir vos abeilles en hiver et en automne, ainsi qu'au début du printemps, lorsque peu de fleurs sont écloses.

Gérer la reine des abeilles

Il est essentiel que la reine de votre ruche soit en bonne santé et qu'elle produise des œufs ! La ruche périra si la reine ne se porte pas bien et ne produit pas d'œufs. L'apiculteur surveille le couvain, ou les jeunes abeilles, pour s'assurer qu'il voit le couvain aux trois stades de développement : les œufs, les larves et les nymphes.

Une fois toutes les semaines ou toutes les deux semaines, vous devez ouvrir votre ruche et vérifier l'état de vos abeilles.

Étape 7 - Commandez vos abeilles

Pour commander vos abeilles, prenez contact avec un rucher proche de chez vous. Les abeilles peuvent être achetées en paquets ou en nucléus. Un paquet d'abeilles se compose d'un bidon de sirop, d'une reine en cage et de milliers d'ouvrières logées dans une cage grillagée. Il s'agit de la solution la moins coûteuse, mais les abeilles mettront plus de temps à s'établir et l'installation sera plus difficile.

L'achat d'un nucléus (abréviation de nucleus hive) est l'autre solution. Un nucléi est une minuscule ruche d'abeilles. Il comporte quatre à cinq cadres en nid d'abeilles avec des abeilles ouvrières, une reine produisant des œufs, des jeunes abeilles et de la nourriture. Votre colonie se développera beaucoup plus rapidement et l'installation est beaucoup plus simple. Cependant, un nuc coûte plus cher.

Ne commandez JAMAIS d'abeilles pour qu'elles vous soient expédiées ! Il arrive souvent qu'elles arrivent mortes.

Si vous avez le choix, demandez une reine marquée. Cela signifie que la reine sera plus facile à identifier car elle aura un point de peinture sur le dos.

Il est recommandé d'acheter deux ou trois colonies la première année. S'occuper d'une seule colonie est un défi de taille. Votre année avec les abeilles sera difficile et désagréable si cette colonie n'est pas en bonne santé ; n'achetez pas plus de trois colonies avant d'avoir élevé vos abeilles pendant une année entière.

Étape 8 - Commandez votre équipement

Si vous décidez d'utiliser une ruche de type Langstroth, vous avez le choix entre plusieurs tailles de boîtes. Les boîtes à dix cadres en contiennent dix, tandis que les boîtes à huit cadres en contiennent huit. L'avantage d'une boîte à 8 cadres est son poids réduit. Cela signifie également que l'apiculteur doit utiliser plus de boîtes parce qu'il y a moins d'espace pour que les abeilles construisent des rayons de miel.

Le nombre de cadres à acheter dépend de la taille de la boîte choisie.

Les boîtes sont également disponibles en trois hauteurs distinctes. Les deux premières boîtes de la ruche où sont logées les abeilles nouveau-nées sont appelées boîtes profondes parce qu'elles sont les plus profondes. Les boîtes situées au-dessus de la boîte profonde peuvent être peu profondes ou moyennes. La différence de hauteur est d'environ 1 pouce. Une fois remplie de miel, une boîte moyenne pèsera environ 10 livres de plus qu'une boîte peu profonde.

Ne choisissez pas plus de deux tailles dans la boîte que vous achetez, puis suivez la même procédure pour chaque ruche !

Vous aurez besoin de.. :

- 1 voile/costume d'apiculteur/veste voilée
- 1-3 outils de la ruche
- 1 fumeur
- 1 paire de gants résistants aux piqûres

Pour chaque colonie d'abeilles, vous aurez besoin de.. :

- 1 planche inférieure
- 2 boîtes profondes (8 ou 10 cadres)
- 16-20 cadres profonds
- 1 protège-souris
- 1 couvercle intérieur
- 16-20 cadres peu profonds ou moyens
- 1 réducteur d'entrée
- 1 nourrisseur
- 1 couvercle extérieur télescopique

Étape 9 : Préparer votre équipement

La plupart des équipements doivent être assemblés et peints. Avant de placer les abeilles dans les boîtes peintes, il faut laisser les boîtes s'aérer pendant quelques semaines.

CE QUI EST DIFFICILE DANS L'APICULTURE

La plupart d'entre nous n'apprennent pas à devenir apiculteur en grandissant. C'est pourquoi cela peut sembler être un passe-temps ou une carrière intimidante.

L'apiculture est-elle difficile ? Il n'est pas facile de surveiller une colonie d'êtres vivants. Cela implique un travail physique intense et le port de charges lourdes, en particulier lors de la récolte du miel. Il faut surveiller les nombreuses maladies, les parasites et les prédateurs qui peuvent nuire aux abeilles. Il peut également être difficile pour certaines personnes de prendre le premier engagement financier pour installer leur première ruche.

La pratique de l'apiculture urbaine est de plus en plus populaire. Est-elle pour autant à la hauteur de l'engouement qu'elle suscite ?

Cette section vous apprendra combien il en coûte pour commencer l'apiculture, à quel point c'est difficile et combien de temps cela prend. Les informations suivantes n'ont pas pour but de vous décourager de pratiquer l'apiculture. L'apiculture est un passe-temps fascinant et passionnant !

L'apiculture est-elle difficile ?

Le hobby de l'apiculture peut être très satisfaisant. Cependant, il y a quelques autres facteurs qui en font un défi.

L'aspect physique

L'apiculture peut nécessiter beaucoup de travail. C'est un bon exercice, si l'on considère qu'une ruche à dix cadres pleine de miel pèse environ 55 livres (25 kg) chacune. Elles sont pleines de miel, surtout lorsqu'elles sont soulevées ou abaissées d'une hauteur élevée.

La boîte de la ruche qui contient les cadres de rayons de miel s'appelle une hausse. Elles sont appelées "supers" parce qu'elles sont superposées aux boîtes à couvain. Les hausses sont souvent disponibles en trois "profondeurs" : moyenne, profonde et peu profonde. Il existe plusieurs possibilités pour 8 ou 10 cadres. Par conséquent, un super de 10 cadres est standard, mais il est possible de faire plus grand ou plus petit.

Récolter du miel et s'occuper de ses abeilles demande de l'énergie et une bonne forme physique. Les apiculteurs sont réputés pour leurs maux de dos.

L'apiculture est une activité physiquement éprouvante, à l'exception du levage. Vous êtes dehors dans la chaleur étouffante de l'été, caché par votre voile et votre combinaison d'apiculteur. Vous risquez également d'être piqué par les abeilles si vous tentez de porter des vêtements plus légers.

Les abeilles sont des créatures délicates.

De nombreux facteurs peuvent avoir un effet néfaste sur vos abeilles.

À cela s'ajoutent les éléments de la nature, comme les maladies, les virus, les acariens et les teignes. Il y a aussi les prédateurs, comme les ratons laveurs, les mouffettes et peut-être même les ours, selon l'endroit où vous vivez. En outre, les intempéries peuvent endommager les abeilles. Sans parler des produits chimiques de synthèse.

En tant qu'apiculteur, vous devez toujours rechercher de nouvelles méthodes pour favoriser la santé et le bien-être de vos colonies d'abeilles. Cela peut parfois s'avérer difficile, mais cela fait partie du plaisir.

C'est un défi financier.

Se lancer dans l'apiculture peut s'avérer coûteux. Le coût de toutes les fournitures de base dont vous aurez besoin pour commencer est facilement supérieur à 500 $, y compris l'achat des ruches, de l'équipement et des abeilles. Par exemple, recherchez le coût actuel d'une ruche Langstroth standard à 10 cadres sur Amazon.com.

Au cours de leur première année, les amateurs peuvent rapidement dépenser beaucoup d'argent s'ils souhaitent disposer du meilleur équipement. En outre, vous ne gagnerez probablement pas beaucoup d'argent au cours de votre première saison en vendant du miel.

Cependant, après avoir fait cet investissement, votre équipement durera toute une vie si vous en prenez soin.

La création d'une entreprise apicole commerciale coûte cinq chiffres. Contrairement à la croyance populaire, la plupart des apiculteurs professionnels ne dépendent même pas principalement de la vente de miel pour leurs revenus. La majeure partie de leurs revenus provient des ruches qu'ils louent pour aider à la pollinisation de grandes exploitations agricoles.

Lorsque vous devenez apiculteur, sachez dans quoi vous vous engagez ! Bien qu'il s'agisse d'un passe-temps agréable, il faut travailler dur ! Mais cela ne veut pas dire que cela n'en vaut pas la peine. Tout simplement, si vous voulez poursuivre dans cette voie, vous devez savoir ce qui vous attend.

L'APICULTURE EN TOUTE SIMPLICITÉ

Chapitre 2 : COMMENT OBTENIR DES ABEILLES DE MIEL

L'achat d'abeilles est l'option la plus facile et la plus sûre pour un apiculteur amateur de créer un rucher. Les abeilles peuvent être obtenues de deux manières principales : soit sous forme de ruche nucléus, soit sous forme de paquets d'abeilles.

Paquet d'abeilles : Contactez un groupe d'apiculteurs ou un fournisseur proche de chez vous pour commander un paquet d'abeilles. La plupart des colis sont livrés avec de nombreuses ouvrières, une reine et un nourrisseur rempli de sirop de sucre. Le fournisseur d'abeilles devrait vous donner des informations sur l'installation des abeilles dans leur nouvelle résidence et sur l'acclimatation des ouvrières à la reine. Celle-ci voyage en toute sécurité dans la cage unique qui accompagne chaque paquet d'abeilles.

La technique indirecte est l'approche la plus souvent utilisée pour l'introduction des reines. Les abeilles ouvrières apprennent à la connaître en mâchant progressivement le bouchon de nourriture dans la cage de la nouvelle reine.

Ruche à nucléus : Une ruche nucléus peut également être commandée. Une colonie de taille réduite est appelée "nucléus" ou "nuc". Le nucléus à cinq cadres est la taille la plus populaire. Cinq cadres de miel, de rayons, d'abeilles, d'une reine et de couvain (bébés abeilles) vous sont envoyés. L'achat d'un nucléi vous donne un avantage précoce dans l'expansion de la colonie. Par rapport aux paquets d'abeilles, cette méthode est plus dangereuse car les rayons de miel peuvent transférer des maladies et des parasites de la ruche donneuse à votre ruche.

Contactez une organisation apicole locale pour savoir où, dans votre région, vous pouvez obtenir des abeilles saines.

Localisation des abeilles sauvages

Les essaims sont des groupes sporadiques d'abeilles que l'on observe parfois dans la nature. Les abeilles divisent souvent leurs colonies pour faire de la place à la colonie en expansion. Les abeilles mellifères essaient naturellement d'essaimer, ce qui se produit généralement au printemps. Il est facile d'obtenir un essaim, car les abeilles sont généralement bien élevées. Dans tous les cas, veillez à toujours vous habiller correctement. Pour apaiser les abeilles mécontentes, il peut être judicieux d'apporter du sirop de sucre et d'eau et/ou un enfumoir.

Pour récolter des abeilles sur des branches d'arbre, il suffit de couper la branche et de la déposer ou de la secouer avec précaution dans un récipient. En caressant doucement les abeilles avec un carton, comme une pelle à poussière, on peut les diriger vers un récipient si elles se trouvent sur une surface plane, comme un poteau de clôture. Le fait de souffler de la fumée derrière elles les poussera également à se diriger dans l'autre sens (vers le conteneur). Secouez soigneusement les abeilles dans la direction de la ruche pour les transférer du conteneur.

Cependant, il arrive que la gratuité ne soit pas toujours préférable. Les abeilles sauvages peuvent avoir un matériel génétique affaibli ou être porteuses de maladies. La reine est parfois difficile à trouver parmi les abeilles sauvages et peut avoir été blessée ou tuée.

En outre, vous n'êtes pas obligé d'accepter quoi que ce soit simplement parce que vous le voyez. Si la branche d'arbre se trouve dans la cour de votre voisin, la collecte de ces abeilles peut être considérée comme un vol en vertu de certaines lois nationales relatives à la propriété. Avant d'essayer de piéger des abeilles sauvages, assurez-vous de connaître les réglementations locales.

Choisissez la technique apicole qui répond le mieux à vos besoins, en fonction des conditions de votre région. Un groupe apicole local peut vous aider à rassembler un essaim d'abeilles sauvages ou vous indiquer où acheter une colonie de départ.

L'IMPORTANCE DES ABEILLES POUR L'HOMME ET LA PLANÈTE

Les abeilles sont vitales pour la santé humaine et environnementale. Les abeilles sont des pollinisateurs importants pour les sources de nourriture et leurs produits, tels que le miel, ont des vertus thérapeutiques.

Environ 20 000 espèces d'abeilles sont reconnues dans le monde, dont plus de 4 000 sont originaires des États-Unis. L'homme en apprivoise peu et la plupart des espèces restent sauvages.

En plus d'être appréciées pour leur miel, les abeilles sont désormais connues pour leur capacité à protéger la sécurité alimentaire et la diversité de la faune et de la flore.

Malheureusement, plusieurs raisons, dont l'utilisation de pesticides et l'urbanisation, ont entraîné une diminution des populations d'abeilles, ce qui est préjudiciable à de nombreux écosystèmes de la planète.

La mort des abeilles aurait un impact sur l'approvisionnement en miel, mais la sécurité alimentaire mondiale et la biodiversité seraient plus gravement touchées. Sans elles, le monde pourrait être totalement différent.

Pourquoi les abeilles sont-elles importantes ?

Les abeilles sont importantes pour toute une série de raisons. Elles sont importantes sur le plan historique, bénéfiques pour la santé humaine et nécessaires au maintien d'écosystèmes prospères.

Produits de santé

Bien que toutes les abeilles ne produisent pas de miel, c'est l'une des principales raisons pour lesquelles les abeilles sont appréciées dans la société. Il s'agit d'un édulcorant naturel qui peut avoir de nombreux effets bénéfiques sur la santé.

Depuis des milliers d'années, l'homme se fie aux abeilles et aux produits qui leur sont liés pour des raisons médicales. On lui attribue des propriétés antibactériennes, antioxydantes, anti-inflammatoires et anticancéreuses.

Le miel est utilisé dans la médecine traditionnelle pour soigner un large éventail de maladies. Nombre de ces applications ne sont pas étayées scientifiquement, mais certaines d'entre elles le sont :

- asthme bronchique
- tuberculose
- maladies des yeux

- soif
- infections de la gorge
- vertiges
- hépatite
- hoquet
- constipation
- hémorroïdes
- infestation de vers
- blessures
- eczéma
- fatigue
- ulcères

La cire d'abeille est un autre produit important qui a toujours été utilisé comme combustible et comme imperméabilisant. Elle est actuellement utilisée dans de nombreux produits de soin de la peau et présente des avantages pour la santé. En outre, l'industrie pharmaceutique l'utilise dans des pommades.

D'autres produits fabriqués par les abeilles sont bons pour la santé humaine :

- pain d'abeille
- gelée royale
- cire d'abeille
- la propolis, une résine produite par les abeilles
- pollen d'abeille
- venin d'abeille

Dans une étude réalisée en 2020, des scientifiques ont découvert que la mélittine, une substance présente dans le venin d'abeille, peut détruire les cellules cancéreuses.

Pollinisation

Ces dernières années, il est apparu que la protection des abeilles n'était peut-être pas principalement motivée par le miel. En effet, les abeilles jouent un rôle essentiel dans la pollinisation, car elles transportent de gros grains de pollen entre les plantes à l'aide des poils de leur corps.

Environ 75 % des cultures ont un meilleur rendement lorsqu'elles sont pollinisées par des animaux. De tous les animaux, les abeilles sont les pollinisateurs les plus importants des plantes sauvages et cultivées. Elles visitent plus de 90 % des 107 principales cultures dans le monde.

Autrement dit, les abeilles sont indispensables à la croissance d'un large éventail de plantes, y compris les cultures vivrières.

Importance historique

Depuis des millénaires, les hommes utilisent les abeilles à des fins diverses sur l'ensemble de la planète. La récolte directe du miel et de la cire d'abeille, ainsi que les croyances culturelles, sont les sources les plus importantes.

Par exemple, les abeilles étaient considérées comme un signe d'immortalité par les Grecs de l'Antiquité. Les apiculteurs de Nouvelle-Angleterre ont tenu leurs abeilles informées des développements importants de la culture humaine tout au long des années 1800. Dans le même temps, les indigènes australiens du nord ont créé des œuvres d'art rupestre en utilisant de la cire d'abeille.

Les produits apicoles constituent un élément important de l'archéologie pour les spécialistes de l'histoire. En effet, la cire d'abeille crée une "empreinte chimique" qui peut être utilisée pour déterminer les ingrédients contenus dans les résidus organiques.

Société et environnement

Les abeilles sont très intelligentes ; l'homme a utilisé leurs relations sociales et leurs manières pour créer des projets humains.

Par exemple, selon les résultats de la recherche, les spécialistes pourraient élaborer des plans d'urgence pour éloigner les humains des zones encombrées en analysant le comportement des abeilles.

Les scientifiques peuvent également se faire une idée des changements environnementaux en observant les danses des abeilles.

Quel est l'impact sur les personnes ?

Parmi les facteurs contribuant au déclin des populations d'abeilles figurent les méthodes agricoles, les maladies et le réchauffement climatique. Les effets sur l'approvisionnement alimentaire mondial, en particulier pour les fruits, les noix et les légumes, inquiètent les experts.

Plusieurs cultures, dont les tomates, le café, les amandes, les pommes et le cacao, disparaîtraient en l'absence d'abeilles. Étant donné que ces produits sont des fournisseurs essentiels de nutriments clés, il pourrait en résulter des carences nutritionnelles dans le régime alimentaire de l'homme.

En outre, les bienfaits médicaux récemment découverts du venin d'abeille et d'autres produits de l'abeille pourraient ne jamais être disponibles sans les abeilles pour les produire.

Les avantages économiques de la pollinisation des cultures et des légumes par les abeilles sauvages aux États-Unis sont considérables. Une étude menée en 2020 a révélé qu'une part importante du revenu net des myrtilles était attribuable aux abeilles sauvages. Les populations d'abeilles sont directement liées aux rendements économiques des agriculteurs.

En 2012, les experts ont calculé que la valeur de la pollinisation était estimée à 34 milliards de dollars, les abeilles contribuant de manière significative à ce chiffre.

Que pouvez-vous faire pour aider ?

Les jardins verts et les arrière-cours peuvent fournir des éléments essentiels aux abeilles. En donnant aux mauvaises herbes de l'espace pour pousser et de la nourriture, les jardins de fleurs indigènes peuvent favoriser la santé des abeilles et la croissance de leur population. Les abeilles peuvent bénéficier d'une réduction des opérations d'aménagement paysager telles que l'élagage et la tonte, étant donné qu'il y a plus de végétation disponible.

Une étude réalisée en 2019 a montré que la création de zones rurales au sein des zones urbaines peut améliorer la santé mentale et émotionnelle des personnes tout en aidant les abeilles.

Les bénévoles et les non-scientifiques peuvent contribuer à la recherche en rapportant ce qu'ils observent dans leur communauté dans le cadre de programmes de science citoyenne. Cela peut aider les spécialistes à comprendre la situation d'une région ou d'un pays.

Par exemple, les abeilles de courge sont présentes dans une vaste zone géographique et préfèrent les exploitations agricoles qui perturbent moins le sol, selon une étude citoyenne réalisée en 2020.

En outre, un partenariat à New York a encouragé l'observation des abeilles et a documenté les types de fleurs sauvages que les gens voyaient dans le cadre du projet "Great Pollinator Project" de 2007.

Grâce à ces découvertes, les scientifiques peuvent mieux protéger les abeilles. Mais pour cela, il faut que les individus soient capables d'identifier les espèces avec précision. Par conséquent, la connaissance des espèces d'abeilles et de leurs comportements peut aider les gens à les protéger.

Résumé

Les abeilles sont importantes pour la société et l'environnement car elles produisent du miel et des produits médicaux et servent de pollinisateurs. Le pollen doit voyager entre les plantes pour qu'elles puissent se féconder et procréer.

Les abeilles cultivées et sauvages régulent la quantité et la qualité des plantes ; lorsque les premières sont en bonne santé, les cultures le sont aussi. La sécurité alimentaire dépend des abeilles. Néanmoins, les populations d'abeilles et leur bien-être sont en déclin dans le monde entier, et il est essentiel de préserver les populations d'abeilles pour préserver le bien-être de l'homme.

Chapitre 3 : COMMENT METTRE EN PLACE VOTRE PREMIÈRE RUCHE

Vous devrez prendre quelques mesures pour préparer l'arrivée de vos abeilles.

Choisir l'emplacement du rucher

Placez votre rucher à un endroit où les ruches resteront sèches, à l'abri du vent et exposées à la lumière du soleil.

Lorsque vous choisissez l'emplacement de votre rucher, réfléchissez bien aux points suivants :

Sources de nectar et de pollen : si les abeilles mellifères sont prêtes à parcourir trois miles ou plus pour trouver de la nourriture, elles préfèrent la trouver à proximité de la ruche, idéalement dans un rayon de trois à cinq cents yards. Elles doivent avoir accès au butinage d'une manière ou d'une autre tout au long de la saison, du début du printemps à l'automne.

Les abeilles ont besoin d'eau : Les abeilles ont besoin d'eau pour survivre, comme tous les autres êtres vivants sur terre. En plus de boire de l'eau, elles l'utilisent pour fabriquer du pain d'abeille, une combinaison de miel et de pollen qu'elles donnent à leurs larves en croissance, et pour reconstituer le miel cristallisé. Placez un bain d'oiseaux ou un abreuvoir pour chien de 2 gallons à côté des ruches s'il n'y a pas de source d'eau naturelle à proximité, comme un ruisseau ou un étang.

Exposition à la lumière du soleil : Idéalement, vos ruches devraient être exposées au sud et orientées vers le sud. Toutefois, pendant les périodes les plus chaudes de l'été, la ruche peut bénéficier d'une ombre partielle ou d'un soleil rasant.

Protection contre le vent : Placez les ruches à côté d'un hangar, d'un garage ou d'une autre dépendance pour protéger les colonies des vents dominants. Cette précaution est particulièrement importante si vous vivez dans une région où l'hiver peut apporter des rafales de froid glaciales qui pourraient détruire vos ruches. Vous pouvez également nicher les ruches contre des arbustes ou à la lisière d'une forêt.

Gardez les ruches au sec : Étant donné que de nombreuses maladies fongiques affectant les abeilles sont exacerbées par l'humidité, choisissez un emplacement pour votre rucher qui soit à la fois sec et qui permette un drainage adéquat pendant les périodes de fortes pluies et de dégel printanier. Pour éviter que la condensation ne tombe sur les abeilles et le nid à couvain, vous pouvez également envisager d'incliner légèrement les ruches vers l'avant.

Protéger les colonies contre les pesticides dangereux : les fongicides, les herbicides et les insecticides utilisés par les agriculteurs industriels ont tous un effet néfaste sur la santé des abeilles. Votre colonie peut rencontrer des difficultés même sur les terrains de golf. Si vous vivez à proximité d'une telle menace, vous devriez envisager de trouver un autre endroit pour votre rucher. De nombreux petits exploitants agricoles, propriétaires terriens et fermiers seraient tout à fait disposés à vous laisser installer votre rucher sur leurs terres.

Accessibilité : Vous avez plus à y gagner que vos abeilles. Vous serez reconnaissant de pouvoir conduire votre camion jusqu'au rucher tout en prenant le miel de vos ruches dans la chaleur de l'été, avec tout votre matériel, vos outils et votre équipement.

Assemblage d'équipements pour les ruches

L'assemblage de l'équipement seul peut vous aider à économiser de l'argent lorsque vous démarrez une entreprise apicole.

Vos ruches doivent être entièrement terminées et installées sur le site que vous avez choisi pour votre rucher avant que vous ne rameniez vos abeilles à la maison. Les cadres doivent être assemblés, la fondation doit être placée (si elle est utilisée), l'extérieur des boîtes doit être peint (ou non, selon vos concepts) et les composants de la ruche doivent être installés sur la fondation de votre choix.

Une remarque sur les fondations des ruches : Les apiculteurs soulèvent les ruches du sol à l'aide de fondations pour les garder au sec. Presque tout peut servir de fondation, y compris des pneus, des rondins, des palettes en bois, des blocs de ciment, etc.

Il faut donc commencer par une boîte à couvain profonde et attendre pour en ajouter une autre que les abeilles aient tiré et occupé les trois quarts des cadres de la première boîte. Il en va de même pour la hausse à miel : vous n'ajouterez pas de hausse avant que la deuxième boîte ne soit presque remplie. Cela permet d'éviter que les abeilles ne fabriquent des rayons qui n'ont pas une forme parfaite.

Abeilles emballées ou nucs

Démarrage d'une ruche : ruche emballée ou nucule

Avant d'investir, évaluez les avantages et les inconvénients de chacun !

Les abeilles emballées sont souvent importées du Sud (à moins que vous ne soyez dans le Sud) et se présentent dans des conteneurs de 2, 3 ou 5 livres. Elles sont disponibles avec ou sans reine ; les apiculteurs achètent parfois une boîte d'abeilles sans reine pour renforcer les colonies fragiles au printemps. Ce ne sont que des abeilles. Les paquets sont parfaits pour les apiculteurs qui ont extrait des rayons de ruches antérieures et qui ont perdu des abeilles tout au long de l'hiver.

Les colonies à nucléus, parfois appelées Nucs, sont des versions miniatures des colonies. Il s'agit d'une boîte en bois ou en carton ciré qui contient trois, quatre ou cinq cadres remplis d'abeilles ouvrières, de leur reine qui pond des œufs, de couvain - les larves d'abeilles à tous les stades - ainsi que de miel et de pollen pour maintenir la petite colonie en vie. Il s'agit souvent de colonies hivernées qui se sont développées à la fin de l'été précédent et qui sont prêtes à augmenter fortement leur population pour établir une nouvelle ruche au début de la récolte de nectar du printemps.

Les nucs ne sont pas trop difficiles à mettre en place. L'inconvénient est qu'il est plus facile de propager les maladies et les parasites d'un rucher à l'autre de cette manière. Cela s'explique en partie par le fait que vous ne pouvez pas inspecter votre nucléus lorsque vous le prenez, et que les apiculteurs novices ne savent souvent pas ce qu'il faut rechercher, et en partie par le fait que les ventes de nucléus ne sont pas réglementées par les agences gouvernementales. En outre, les apiculteurs qui vendent des nucléis s'en servent souvent pour se débarrasser de leurs rayons périmés, qui doivent être remplacés tous les cinq ans. Enfin, vous n'avez aucun moyen de savoir ce que vous recevez lorsque vous ramenez un nucléi chez vous, car ils peuvent varier en force d'un nucléi à l'autre.

Installation des abeilles emballées

Vous devez vérifier l'emballage lorsque vous récupérez vos abeilles emballées. Un demi-pouce ou plus d'abeilles mortes au fond de l'emballage n'est pas typique, même si une certaine mortalité est typique. Avant de les installer, gardez l'emballage à l'abri de la lumière directe du soleil et stockez-le dans un endroit frais et sec. Veillez à ce que vos abeilles soient nourries. Une simple solution de sucre et de sirop, composée d'une part de sucre et d'une part d'eau dans un flacon pulvérisateur, fonctionne bien. Vaporisez les parois du conteneur et laissez les abeilles enlever les résidus. Dans les 48 heures suivant le retour de vos abeilles emballées à la maison, installez-les plus tard dans la journée pour éviter qu'elles ne s'envolent d'une ruche inconnue.

Les abeilles emballées peuvent être installées selon l'une des deux méthodes suivantes :

Méthode A

Laissez les abeilles sortir seules : ouvrez l'emballage après avoir recouvert l'ouverture avec de l'herbe pour empêcher les abeilles de s'envoler. Retirez la cage à reine, faites sauter le bouchon, puis percez à l'aide d'un cure-dent le bonbon qui l'empêche de s'échapper. Attachez la cage à reine à sa face si vous avez un rayon dessiné. Si vos abeilles emballées commencent sur des fondations, placez simplement la cage à reine à côté d'un cadre avec les fondations attachées. Quoi qu'il en soit, jetez quelques poignées d'abeilles sur la cage de la reine pour qu'elle ait suffisamment d'aides pour s'occuper d'elle et la libérer. Ensuite, fermez la ruche et placez le paquet au milieu de la ruche.

Méthode B

Installer en secouant : Sortez le nourrisseur pour ouvrir l'emballage après avoir vaporisé du sirop de sucre à l'intérieur pour empêcher les abeilles de s'envoler. Retirez la cage de la reine et prenez soin d'elle comme l'indique la méthode A, puis secouez soigneusement chaque abeille dans la ruche.

Dans les deux cas, c'est du sirop de sucre qu'il faut donner à vos abeilles, surtout si vous les installez sur des fondations. Pour que les abeilles construisent leurs rayons, il faut qu'il y ait une grande quantité de nectar et beaucoup de jeunes abeilles fraîches (car c'est à cette période de leur vie que les abeilles peuvent fabriquer de la cire). En outre, si la colonie ne dispose pas de rayons pour travailler, elle ne pourra pas atteindre une taille suffisante pour que la reine puisse pondre des œufs ou que les butineuses puissent stocker du pollen et du nectar.

Installation des Nucs

Dès que vous ramenez votre colonie nucléus à la maison, enlevez les grilles qui protègent les entrées et placez immédiatement la boîte à nucléus sur le dessus de votre ruche construite. Les abeilles commenceront à sortir de la boîte et vous les verrez s'envoler et tourner en rond au-dessus de la ruche dans un "vol d'orientation", qui permet aux abeilles de localiser la ruche en fonction de la position du soleil. Cela permet aux abeilles de localiser la ruche tout en ramenant le nectar et le pollen du champ.

Les nucléus pourront aller et venir sans problème de leur petite colonie si vous les laissez pendant 24 à 48 heures ou plus longtemps si le temps est mauvais. Mais gardez à l'esprit que certaines colonies de nucléus seront plus fortes que d'autres. Si vous observez que les abeilles "font la barbe", c'est-à-dire qu'elles pendent sur le dessus de la boîte, déplacez-les dans un autre endroit pour qu'elles aient plus d'espace pour se développer.

Retirez trois à cinq cadres du milieu de la ruche, ouvrez la boîte à nucléus (en portant l'équipement approprié et en utilisant votre enfumoir comme vous le feriez dans n'importe quelle circonstance apicole), et transférez doucement les cadres du nucléus à la nouvelle ruche pour transporter les abeilles de la boîte à nucléus à celle que vous avez préparée.

Examinez vos colonies de noyaux.

Lorsque vous implantez vos colonies de noyaux, examinez chaque cadre.

Profitez de cette occasion pour vérifier si le nucléi que vous avez obtenu contient des larves à tous les stades de développement (nymphes operculées, larves et œufs). (Les abeilles ont-elles des cadres remplis de miel et de pollen ? Si vous constatez quelque chose d'inhabituel ou si vous avez des inquiétudes, contactez immédiatement votre fournisseur d'abeilles.

Sinon, insérez les cadres de la boîte à nucléi dans la ruche exactement là où vous les avez trouvés, au milieu. Vous pourrez peut-être motiver vos abeilles à commencer à construire des rayons entre le couvain, ou entre le nid de couvain et un cadre de pollen/miel, en plaçant un cadre de fondation ou un cadre vide entre le couvain, selon le nombre de cadres de couvain de votre Nuc (trois ou plus). Pour aider les abeilles ouvrières à conserver les températures nécessaires au développement des jeunes abeilles, il est conseillé de laisser le couvain intact s'il y a moins de trois cadres.

Vérifiez que la reine n'a pas été abandonnée en regardant à l'intérieur de la boîte du nucléi une fois que vous avez placé les cadres dans la ruche. Fermez la ruche si vous ne la voyez pas dans la boîte. Cependant, laissez la boîte à nucléi sur le sol devant la ruche ou sur le dessus de la ruche pendant un jour supplémentaire afin que les abeilles retardataires puissent rejoindre le reste de la colonie.

Suivi de l'installation

À l'exception du nourrissage, vous pouvez laisser vos abeilles seules dans leur nouvel habitat pendant cinq à neuf jours. Observez-les rapidement à ce moment-là. Votre objectif principal est de confirmer que la reine fait ce qu'elle doit faire, c'est-à-dire pondre une abondance d'œufs frais, et qu'elle est en bonne santé.

Si vous avez installé des abeilles emballées et que la reine était dans une cage, assurez-vous qu'elle en a été libérée. Si ce n'est pas le cas, retirez la grille et laissez-la sortir de la cage sur un cadre pour qu'elle puisse commencer à travailler.

Il suffit de vérifier la présence d'œufs frais pour déterminer si votre reine est bien vivante dans une colonie nucléus. Au fur et à mesure que la colonie remplit ses première et deuxième boîtes à couvain, donnez-lui plus d'espace et de cadres.

Nourrir les ruches

Les abeilles peuvent facilement obtenir de la nourriture, même pendant les journées froides ou par mauvais temps, lorsqu'elles sont nourries par le couvercle intérieur.

Cette question pourrait faire l'objet d'une controverse lors de la réunion du groupe d'apiculteurs de votre quartier. Certains apiculteurs fournissent à leurs colonies du sucre sous une forme ou une autre tout au long de l'année, tandis que d'autres ne mettent pas de sucre dans leurs ruches, même si cela signifie la famine pour la colonie.

Le nourrissage est particulièrement important pour les abeilles emballées sur les fondations, car elles ne peuvent pas augmenter leur nombre tant que les rayons ne sont pas créés.

Il existe de nombreuses façons de nourrir les abeilles. Il est conseillé aux apiculteurs de faire des recherches et de choisir la solution qui correspond le mieux à leurs objectifs, à leurs valeurs et aux besoins de leurs ruches.

Allez chercher vos abeilles !

Lorsque votre fournisseur d'abeilles vous appellera enfin pour vous informer que vos abeilles sont disponibles pour la cueillette, vous serez pris d'une grande impatience, voire d'une certaine crainte. Inspirez profondément ! Une fois que vous êtes certain que tout est en ordre, prenez vos abeilles et passez une dernière fois en revue vos préparatifs.

L'augmentation du nombre d'apiculteurs dans les fermes et les jardins est essentielle à la survie des pollinisateurs. Si notre Terre est ce qu'elle est aujourd'hui, c'est grâce au lien entre les pollinisateurs et les plantes, mais ce partenariat est menacé. De plus en plus de personnes réalisent que les abeilles sont plus que de simples créatures piquantes en apprenant le métier d'apiculteur. La plupart d'entre nous n'ont pas conscience des merveilles qui nous entourent parce que les insectes nous répugnent et que la société les considère comme "répugnants". Cependant, l'apiculture nous aide à apprécier la beauté de la pollinisation et nous donne une nouvelle perspective sur les insectes. Soudain, nous pouvons remarquer les teintes, les formes et les caractéristiques étonnantes des insectes utiles qui nous entourent. Nous comprenons que nous faisons partie du lien étroit qui unit les plantes à leurs pollinisateurs.

Chapitre 4 : Comportement et caractéristiques des abeilles

De nombreuses personnes détestent et méprisent les abeilles et veulent les éliminer, même les espèces bénéfiques comme les bourdons et les abeilles mellifères. N'oubliez pas la fonction vitale des abeilles dans la création de notre nourriture avant d'entreprendre toute action visant à les éradiquer. Il est vrai qu'environ un tiers des aliments que nous consommons sont pollinisés par les abeilles. Acquérir des connaissances sur le comportement et les traits typiques des abeilles pourrait faciliter une coexistence harmonieuse.

Caractéristiques des abeilles :

Elles vivent en colonies. Une colonie d'abeilles mellifères peut compter jusqu'à 60 000 ouvrières. La taille typique d'une colonie de bourdons est de 120 à 200 ouvrières. Sont sociables et coopératives. Les abeilles coopèrent pour récolter de la nourriture et la stocker en vue d'une utilisation ultérieure par d'autres abeilles. Trois castes d'abeilles effectuent des tâches distinctes au sein de la colonie :

Travailleurs (femelles infertiles)

La plupart du temps, les humains n'observent que les abeilles ouvrières. Les tâches des abeilles ouvrières varient en fonction de leur âge. Les jeunes abeilles ouvrières, souvent appelées abeilles nourricières, fournissent du pollen et du nectar aux larves d'abeilles. Les abeilles ouvrières assument des responsabilités différentes au fur et à mesure qu'elles vieillissent. Elles sécrètent de la cire pour construire le nid d'abeilles et protéger la ruche des prédateurs. En vieillissant, elles deviennent des butineuses, récoltant le pollen et le nectar des fleurs et les rapportant à la ruche. En outre, les abeilles ouvrières nettoient la ruche, fournissent de l'eau et ventilent la ruche pour en contrôler la température.

Informations sur les abeilles ouvrières

L'éthique de travail de l'abeille a été vénérée tout au long de l'histoire. Les Égyptiens de l'Antiquité ont été la première culture à domestiquer les abeilles. La coopération symbolisée par une ruche est la raison pour laquelle les Minoens de la Grèce antique les tenaient en si haute estime. L'ancienne ville crétoise de Gortys était symbolisée par deux abeilles entrelacées autour d'un nid d'abeilles ; des symboles similaires peuvent être vus sur des pendentifs et des boucles d'oreilles en Crète.

La vie de l'abeille ouvrière est peut-être le meilleur exemple de cet esprit de collaboration. Comme leur nom l'indique, les ouvrières sont les travailleurs de la ruche ou de la colonie. Elles sont chargées de collecter la nourriture, de garder la ruche et de s'occuper des bébés abeilles.

Ces abeilles prospèrent dans les colonies d'abeilles sociales, en particulier chez des espèces telles que l'abeille domestique. Les femelles des espèces d'abeilles solitaires, comme l'abeille fouisseuse ou l'abeille charpentière, jouent à la fois le rôle de reine et d'ouvrière.

Caractéristiques

Les ouvrières sont plus courtes et plus fines que les faux bourdons et la reine. Elles possèdent également des corbeilles spécifiques sur leurs pattes arrière pour collecter le pollen. Elles ont également des dards, comme la reine, mais elles ne peuvent piquer les mammifères qu'une seule fois avant de mourir. Néanmoins, ils peuvent piquer à plusieurs reprises d'autres insectes pour défendre la ruche.

Hiérarchie

Un système de castes régit les espèces d'abeilles sociales. Les reines d'abeilles dirigent leur ruche. Elle dépose également les œufs de la colonie. Viennent ensuite les faux-bourdons : Normalement présents de la fin du printemps au début de l'été, ces mâles n'existent que pour s'accoupler avec la reine. Les plus petites abeilles de la ruche, les ouvrières, sont exclusivement féminines. Elles sont chargées de maintenir l'efficacité de la ruche et constituent le groupe le plus important.

La voix de la majorité

Les abeilles ouvrières peuvent être remarquées dans certaines colonies de bourdons et d'abeilles domestiques. Il peut y avoir de quelques dizaines à quelques centaines de bourdons dans une petite ruche. À l'inverse, les colonies d'abeilles mellifères sont plutôt gigantesques. Une colonie compte entre 20 000 et 80 000 abeilles, dont 98 % sont des ouvrières.

Dans les ruches de bourdons, la reine élève le premier groupe d'ouvrières, et le groupe d'ouvrières qui la précède élève le groupe suivant.

Les abeilles ouvrières âgées des colonies d'abeilles mellifères élèvent de nouvelles reines et de nouveaux faux-bourdons.

Une journée dans la vie

Cette abeille est capable de créer les enzymes nécessaires à la fabrication du miel. Elle possède une grande langue pour récolter le nectar, des mâchoires puissantes et des glandes cirières pour aider à la construction des nids d'abeilles. Elle possède également un dard barbelé pour la défense de la ruche et des pattes adaptées au transport du pollen. Le dard soyeux de la reine est réservé à l'attaque des reines rivales.

Les abeilles ouvrières accomplissent diverses tâches pour la ruche. Elles jouent le rôle d'intendantes qui nettoient et agrandissent la ruche, d'éclaireuses et de butineuses qui rapportent de la nourriture et cherchent de nouveaux emplacements pour la ruche, et d'abeilles nourricières qui s'occupent des bébés abeilles et de la reine.

Une ouvrière assume de nouvelles tâches à l'intérieur et à l'extérieur de la ruche au fur et à mesure qu'elle vieillit. Il est courant qu'une ruche adulte âgée de moins d'une semaine prépare les cellules pour la production de nourriture et la ponte de la reine. Elle fournira également de la nourriture aux larves plus âgées de la colonie.

Les ouvrières âgées d'à peine deux semaines produisent de la cire pour construire les nids d'abeilles et génèrent la gelée royale qui nourrit la reine et les larves. Les abeilles quittent la ruche pour récolter du pollen à partir de l'âge de deux ou trois semaines. Une abeille cesse de récolter du pollen et commence à récolter du nectar à l'âge de 21 jours. Lorsque les ouvrières se trouvent à l'intérieur ou à l'extérieur de la ruche, elles sont souvent appelées abeilles domestiques ou abeilles des champs, respectivement.

Les jeunes abeilles ont également plus de chances de survivre grâce à cette division du travail, car elles sont protégées de l'environnement et des prédateurs à l'intérieur de la ruche jusqu'à ce qu'elles soient plus grandes et plus résistantes.

Chaque abeille ouvrière contribue à la régulation de l'environnement, en particulier pendant les mois d'hiver où la ruche doit être maintenue au chaud, et à la production continue de miel. En fonction des besoins de la ruche, chacune de ces fonctions peut être remplie par une ouvrière à tout moment.

Cycle de vie

Bien que les abeilles ouvrières soient exclusivement des femelles, elles sont souvent stériles. La reine et l'éclosion pondent les œufs au bout de trois jours. Les larves d'ouvrières sont nourries de gelée royale pendant deux jours et demi. Ensuite, elles sont nourries d'un mélange de pollen et de miel. Ensuite, elles passent 12 jours à l'intérieur de leurs cellules, à tisser un cocon et à devenir adultes. L'ensemble de la procédure dure vingt jours.

Bien que les ouvrières aient une vie plus courte que les reines, elles grandissent cinq jours de plus. Ces abeilles ont une durée de vie moyenne de cinq à six semaines tout au long de l'été. Une ouvrière peut survivre jusqu'à six mois en hiver pour aider la ruche à survivre au froid et produire de nouvelles ouvrières pendant l'été et le printemps.

Si les conditions sont réunies, toutes les larves d'abeilles ouvrières peuvent devenir des reines dans les 48 heures suivant leur naissance, et les larves ont été nourries à la gelée royale pendant toute leur période de développement de cinq jours, au lieu de passer au miel et au pollen.

Par exemple, lorsqu'une reine disparaît soudainement ou disparaît de la ruche, les ouvrières peuvent développer des organes reproducteurs pour pondre des reines de remplacement. Par rapport aux reines que la reine pondait avant sa disparition, ces reines sont généralement plus petites et plus faibles. Lorsque des faux-bourdons supplémentaires sont nécessaires, les ouvrières peuvent également pondre des œufs, mais la progéniture des faux-bourdons ne sera pas aussi robuste que celle de la reine. Dans ce cas, on parle d'ouvrières pondeuses.

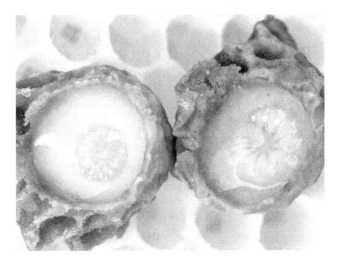

Gelée royale

Travaillé jusqu'à l'épuisement

Le nombre d'abeilles ouvrières doit être suffisant pour que la colonie prospère, mais les longues heures de travail sont éprouvantes. En général, une ouvrière meurt d'épuisement ou de lassitude parce que son corps s'épuise à force d'efforts. Par exemple, après environ 500 miles de vol, les muscles de leurs ailes s'affaiblissent.

Une piqûre fatale

Seules les abeilles ouvrières peuvent piquer en raison d'une anomalie génétique au niveau de leur dard. Les abeilles ne piquent que les autres abeilles et les faux bourdons n'ont pas de dard du tout.

Les seules espèces d'abeilles qui possèdent un dard barbelé sont les abeilles domestiques. Cela signifie que l'abeille ne peut piquer qu'une seule fois. Le dard transperce la chair de la victime et la sépare de l'abeille.

Une fois piquée, l'abeille mourra de ce stress, après avoir donné sa vie pour défendre la colonie. Ces abeilles peuvent piquer si elles se sentent menacées ou touchées, mais elles attaqueront si quelqu'un s'approche de leur colonie.

Les abeilles ouvrières sont essentielles à la survie de la ruche et à la production de miel, malgré leur courte durée de vie. Souvent négligées, elles sont pourtant essentielles à l'existence et à la survie d'une colonie.

Reines (femelles fertiles)

La principale responsabilité de la reine est de s'accoupler avec le bourdon et de déposer des milliers d'œufs, soit environ 1 000 par jour. Les abeilles ouvrières choisissent une nouvelle reine pour la remplacer si elle ne produit pas assez d'œufs. Une ruche ne contient généralement qu'une seule reine. Lorsque la reine meurt, les ouvrières transforment l'une des abeilles ouvrières stériles en reine fertile. Elles donnent à l'abeille ouvrière une substance connue sous le nom de gelée royale. La reine essaime pour fonder une nouvelle colonie. Elle part avec quelques abeilles ouvrières pour établir une nouvelle colonie, et une reine fraîchement créée reprend la colonie précédente.

Information sur la reine des abeilles

Les abeilles existent en différentes espèces, mais elles ne vivent pas toutes de la même manière. Selon leur espèce, les abeilles peuvent être solitaires ou sociables. En dehors de l'accouplement, les abeilles solitaires vivent indépendamment les unes des autres. Les abeilles sociales construisent leurs nids dans des colonies qui peuvent comprendre quelques membres ou des milliers d'abeilles. Toutes les abeilles vivent dans ces colonies et coopèrent pour assurer leur bon fonctionnement, la reine étant le chef de la colonie. Les abeilles, qu'elles soient sociales ou solitaires, n'ont qu'un seul but : se multiplier pour assurer la survie de leur espèce et de la colonie.

Caractéristiques de la reine des abeilles

Votre reine sera plus grande qu'une abeille ouvrière normale. Elle aura des caractéristiques uniques qui la distingueront des autres abeilles.

Cherchez :

Une extrémité pointue et un abdomen long et fin ; l'abdomen des autres espèces d'abeilles est arrondi.

Des ailes plus courtes : Les ailes de la reine descendent à peine jusqu'à la moitié de son abdomen, tandis que celles des ouvrières s'étendent presque jusqu'à l'extrémité de leur corps.

La plupart des abeilles replient leurs pattes sous leur corps, ce qui donne des pattes évasées. Les pattes de la reine sont plus longues et plus espacées.

Dard lisse : La reine possède un dard lisse et réutilisable qu'elle utilise pour se défendre contre les reines rivales et produire des œufs, contrairement au dard pointu des abeilles ouvrières.

Dos brillant : Contrairement au dos plus duveteux des abeilles ouvrières, le dos de la reine est souvent dépourvu de poils et brillant.

Division du travail

Parmi les espèces d'abeilles sociales, la reine est la femelle reproductrice "chef" de la colonie. Les abeilles appartiennent à l'ordre des insectes, les hyménoptères, avec de nombreuses espèces de guêpes et de fourmis. Les colonies sociales de ces espèces sont organisées en castes. Il existe une division du travail entre les membres afin de garantir que tous les besoins essentiels de la colonie sont satisfaits.

La reine des abeilles mellifères doit pondre tous les œufs nécessaires à la création de nouvelles abeilles et à la croissance de la colonie. Elle est la seule à pondre dans la colonie. Elle fixe également les règles de conduite, la répartition des tâches et l'équilibre de la population afin de maintenir l'intégrité structurelle de la colonie. Elle utilise une variété de phéromones - des substances chimiques qui contrôlent le comportement de certaines abeilles - pour transmettre ses ordres, transformant certains membres de la colonie en ouvrières, d'autres en faux-bourdons et d'autres encore en reines potentielles.

Toutes les abeilles ouvrières sont des femelles, mais la plupart d'entre elles n'ont pas encore atteint la maturité sexuelle. Les abeilles nourricières s'occupent des œufs, des larves et des nymphes pendant qu'ils grandissent ou qu'ils récoltent et fabriquent de la nourriture. Une partie des abeilles ouvrières aide la reine en lui donnant de la gelée royale, un élément nutritif essentiel pour assurer le succès de son règne.

Les mâles, appelés bourdons, servent exclusivement de fournisseurs de sperme pour la fécondation des œufs. Malgré leur insignifiance et leur paresse, ces individus sont essentiels à la survie de la colonie. La "belle vie" que semblent avoir les faux-bourdons n'est pas ce qu'elle est. Les ouvrières retirent les faux-bourdons du nid, où ils meurent rapidement de faim, et la colonie n'a plus besoin de faux-bourdons qui ne s'accouplent pas.

Les faux-bourdons meurent instantanément après l'accouplement avec la reine.

Durée de vie et espèces de reines des abeilles

La durée de vie habituelle d'une reine d'abeille est de deux à trois ans, mais certaines peuvent survivre jusqu'à cinq ans. Les abeilles mellifères sont divisées en sept sous-espèces. Apis mellifera est l'espèce d'abeille mellifère la plus utilisée par les apiculteurs, et il existe plusieurs sous-espèces ou souches de cette abeille qui ont des traits, des tempéraments et d'autres caractéristiques qui distinguent leurs colonies et leurs ruches. Les différentes espèces se distinguent notamment par l'agressivité des abeilles ouvrières, la résistance aux maladies, la taille de la colonie et la production de miel.

Les apiculteurs avertis peuvent utiliser des reines de plusieurs sous-espèces pour améliorer la capacité de leurs ruches à produire du miel et d'autres caractéristiques souhaitées. En outre, ils peuvent développer des colonies d'abeilles ouvrières résistantes aux maladies et aux parasites et plus faciles à gérer. Parmi les principaux hybrides et sous-espèces utilisés par les apiculteurs figurent les abeilles italiennes (Apis mellifera lingustica), carnioliennes (A.m. carnica), caucasiennes (A.m. caucasica), Buckfast (hybride), allemandes (A.m. mellifera) et russes (hybride).

Lorsqu'une nouvelle reine d'une sous-espèce différente prend le contrôle d'une ruche, la colonie se transforme au cours des semaines suivantes, à mesure que les abeilles plus âgées de la colonie approchent de la fin de leur vie naturelle et que les jeunes abeilles issues des œufs de la nouvelle reine se développent. Les abeilles ouvrières n'ont qu'une courte durée de vie, de quelques semaines à quelques mois, selon la saison, de sorte que la ruche peut produire une toute nouvelle colonie d'abeilles pendant cette période.

Piqûres d'abeilles

Bien que la plupart des espèces d'abeilles soient considérées comme douces et peu susceptibles de présenter un danger pour l'homme tant qu'elles ne sont pas dérangées, elles sont capables de piquer. Certaines espèces d'abeilles, comme l'abeille africanisée (A.m. scutellata), sont très hostiles et peuvent constituer une menace sérieuse pour quiconque s'approche trop près de leur nid.

Les abeilles mellifères ne piquent que si elles perçoivent un danger pour elles-mêmes ou pour leur colonie. Les abeilles qui perçoivent un danger et qui piquent en réponse produisent une phéromone qui alerte les abeilles voisines d'une menace imminente et les attire dans la bataille. Lorsqu'une abeille européenne s'agite, deux ou trois d'entre elles piqueront la personne qui représente un danger. Les abeilles africaines réagissent avec beaucoup plus de force, huit ou neuf abeilles sur dix participant à l'activité. Malgré la taille habituellement inférieure des premières, le nombre total de piqûres administrées varie considérablement entre les colonies d'abeilles africaines et les ruches d'abeilles européennes.

Les abeilles africaines agressives ayant délogé les reines européennes soumises, les ruches européennes, qu'elles soient sauvages ou domestiques, ont été envahies par les abeilles africanisées, que l'on trouve aujourd'hui dans la majeure partie du sud-ouest des États-Unis. Quelques semaines après le coup d'État, les œufs de la nouvelle reine éclosent et la ruche devient rapidement une colonie adulte d'abeilles africanisées. La conversion s'achève lorsque les abeilles européennes plus âgées approchent de la fin de leur cycle de vie et commencent à mourir.

La reine des abeilles règne sur la colonie d'abeilles et ses adeptes lui sont dévouées jusqu'à la fin.

Drones (mâles)

Ces abeilles doivent s'accoupler avec la reine. Après l'accouplement, elles périssent.

Caractéristiques

Un faux-bourdon se distingue par des yeux deux fois plus grands que ceux des reines et des ouvrières et par un corps plus grand que celui des ouvrières, mais généralement plus petit que celui d'une reine. Son abdomen est plus grand que celui de la reine ou de l'ouvrière. Bien que son corps soit lourd, le faux-bourdon doit voler assez rapidement pour suivre la reine. Un faux-bourdon peut voler pendant environ 20 minutes en moyenne.

Comportement des abeilles

Les abeilles contribuent à la pollinisation des plantes et des fleurs.

Les abeilles transfèrent le pollen d'une fleur à l'autre en récoltant du nectar et du pollen qu'elles ramènent à leurs colonies, facilitant ainsi la fécondation et la reproduction. C'est pourquoi les abeilles mellifères sont souvent utilisées dans l'agriculture pour assurer une production élevée. En outre, les bourdons fertilisent les fleurs et les plantes, ce qui explique pourquoi les jardiniers les apprécient.

Les abeilles mellifères forment des grappes hivernales.

Lorsque la température descend en dessous de 50 degrés Fahrenheit, les abeilles cessent de voler. Les abeilles ouvrières situées au centre de la ruche entourent la reine. Les abeilles ouvrières tremblent pour maintenir une température de 81 à 93 degrés Fahrenheit autour de la reine. Les abeilles mellifères produisent de la chaleur corporelle en consommant le miel stocké.

Les essaims d'abeilles

Un gros essaim d'abeilles vient de s'installer sur un arbre de votre jardin. Bien qu'ils soient à quelques mètres de là, les enfants jouent sur la balançoire et ne se rendent pas encore compte de la présence des abeilles. Que pouvez-vous faire pour éviter que vos enfants ne soient gravement blessés par les abeilles et pourquoi cet essaim a-t-il choisi cet arbre dans votre jardin ?

Tout d'abord, soyez calme. Cela n'a pas beaucoup d'importance pour les abeilles, mais vous ne voulez pas effrayer les enfants. Plus important encore, vous ne voulez pas éveiller leur intérêt pour la grosse grappe d'abeilles suspendue à l'arbre. Pour inciter les enfants à entrer, invitez-les à boire une limonade ou utilisez un autre type d'"appât". C'est la meilleure façon d'éviter les piqûres et l'une des méthodes les plus sûres pour désamorcer la situation. La reine, dans le cœur de l'essaim, est la seule chose sur laquelle les abeilles se concentrent ; elles ne prêtent même pas attention aux enfants. Les abeilles resteront là où elles sont et repartiront calmement au bout d'une heure environ, à condition que les enfants ne les découvrent pas et ne commencent pas à les déranger.

Un essaim d'abeilles dans la cour

Les nuisibles qui piquent ne sont pas les bienvenus dans le jardin, et certainement pas sous la forme d'un essaim de milliers d'abeilles. Que se passe-t-il ? Sont-elles malades ? Sont-elles perdues ? Eh bien, elles ne sont ni perdues ni malades. Lorsque les abeilles mellifères agrandissent leur colonie ou perçoivent un danger persistant pour leur foyer, elles peuvent souvent "s'enfuir" et quitter leur nid. C'est ce qui est arrivé à ces abeilles. Sur ordre de leur reine, elles viennent d'abandonner l'ancienne ruche et sont à la recherche d'un nouvel emplacement pour s'établir. Pendant que les abeilles éclaireuses continuent à chercher l'endroit idéal, elles se sont installées dans votre arbre pour se reposer.

La menace d'une piqûre d'abeille, ou de milliers de piqûres

Bien qu'il s'agisse d'un insecte venimeux, les abeilles mellifères sont placides et ne piquent que lorsqu'elles sont provoquées. Les abeilles ne piquent que pour se défendre ou défendre leur ruche et ont une raison de moins de s'inquiéter lorsque leur nid est détruit. Si vous avez déjà été piqué par une abeille, c'est parce que vous pensiez représenter un danger soit pour l'abeille, soit pour le nid et le miel. La reine est la seule chose à protéger, car un essaim qui s'est enfui n'a plus de miel ni d'abeilles en croissance. Les abeilles ouvrières essaient de rester le plus près possible de la reine, même si elle se trouve au centre de l'essaim. Comment les abeilles réagiraient-elles si un ballon de basket ou une pierre tombait sur l'essaim ? Bien sûr, elles réagiraient rapidement, mais lorsqu'elles sont laissées à elles-mêmes, elles ne se soucient pas de ce qui se passe en dehors de leur environnement immédiat.

Déterminés à protéger la reine

La colonie ne peut pas fonctionner sans la reine. Les autres abeilles n'auront pas de chef si elle disparaît. En outre, les reines sont nécessaires à la croissance de la ruche et à l'accouplement. Les abeilles ouvrières peuvent tenter de créer une nouvelle reine, mais si elles échouent, la colonie d'abeilles risque de périr.

Le rôle des éclaireurs d'abeilles

Les abeilles éclaireuses sont très probablement les abeilles que vous observez en train de voler dans et hors de l'essaim. La mission d'une abeille éclaireuse est de localiser un nid possible ; par conséquent, elles se déplacent constamment et font des rapports lorsqu'elles cherchent un nouvel endroit pour vivre. Elles ne s'intéressent qu'à leur tâche et à rien d'autre. Si la reine décide de quitter l'essaim, les autres abeilles resteront sur place.

Comment les abeilles communiquent-elles ?

Chaque animal a sa propre façon de communiquer. Alors que certains ont des schémas de langage, d'autres communiquent par le langage corporel et le contact visuel.

Le mouvement et l'odorat sont les deux principaux moyens de communication des abeilles mellifères. Ces comportements, dont la célèbre danse du "waggle", permettent aux abeilles de communiquer entre elles au sein de la colonie, de trouver une source de nourriture à proximité et de transmettre d'autres informations.

Comment les abeilles voient les fleurs

Les abeilles mellifères utilisent tous leurs sens pour communiquer et localiser les plus belles fleurs. Elles doivent d'abord trouver une fleur appropriée pour communiquer des informations aux autres abeilles de la colonie, mais comment peuvent-elles le faire ?

Comme d'autres insectes, les abeilles mellifères peuvent distinguer les teintes, mais ont des difficultés avec les rouges. Une fleur entièrement rouge leur semblera sombre. Mais si les humains ne peuvent pas voir les rayons ultraviolets, les abeilles mellifères, elles, le peuvent. Les fleurs ayant la même teinte que l'œil humain peuvent être marquées de motifs et de lignes ultraviolettes indiquant où le pollen ou le nectar est concentré dans les abeilles.

Cela accélère le processus par lequel les abeilles obtiennent de la nourriture des fleurs et la ramènent à la ruche pour que d'autres abeilles puissent commencer à la récolter.

Toucher

Le toucher est le moyen de communication le plus simple pour les abeilles mellifères. Lors de la danse des ailes, les abeilles communiquent et se reconnaissent entre elles en se touchant les antennes. Une abeille peut étendre sa langue pour goûter ce qu'elle a touché avec ses antennes.

Pour créer une grille de nid d'abeilles à l'aspect parfait, elles mesurent la taille des cellules du rayon avec leurs pattes. En outre, les abeilles veillent à maintenir leurs antennes propres en raison de cette méthode de communication.

Pour sentir le danger, les abeilles sont également recouvertes de poils microscopiques qui contiennent des terminaisons nerveuses sensibles aux fréquences de vibration. Ces poils leur permettent également de savoir si elles sont touchées.

Langue de la danse

Une abeille mellifère qui a terminé sa mission de butinage retournera à la ruche avec des informations utiles sur l'endroit où trouver de la nourriture, un endroit sûr pour boire et d'autres informations.

Les abeilles ouvrières dansent pour transmettre ces informations. La danse frétillante la plus populaire concerne la recherche de sources de nourriture. Une abeille ouvrière utilise certains mouvements et angles du corps lorsqu'elle danse pour indiquer à ses congénères où se trouvent les fleurs riches en nectar et en pollen.

La communication des abeilles au sein of la ruche est stupéfiante, étant donné qu'elles dansent le plus souvent dans l'obscurité. Son fonctionnement est similaire à celui de notre système nerveux central.

Danse ronde

Il existe deux principales danses alimentaires. La première danse, dite "ronde", se concentre sur les sources de nourriture situées dans un rayon de 50 mètres autour de la ruche.

Pour communiquer l'emplacement de la nourriture à leurs congénères, les abeilles dansantes effectuent une série de petits cercles. Elle se déplace ensuite dans l'autre sens en décrivant le même cercle, en se retournant et en répétant l'opération plusieurs fois. Lorsqu'elle se retourne, l'abeille mellifère peut également remuer légèrement ; la durée de ce remuement indique l'état de la parcelle de fleurs.

La danse du remue-ménage

Les abeilles mellifères recherchent une source de nourriture plus éloignée de la ruche en dansant en forme de huit. Ce mouvement particulier des abeilles, qui les aide à communiquer l'emplacement de la nourriture et du nectar, a été découvert et nommé par Karl von Frisch en 1940.

Ses ailes bourdonnent et vibrent pendant qu'elle exécute la danse des ailes. L'abdomen de l'abeille interprète la force de l'agitation comme une mesure de la distance à laquelle se trouve la source de nourriture. Pour se diriger vers la source de nourriture, l'abeille mellifère détourne également son corps par rapport au soleil.

Au fur et à mesure que les abeilles arrivent et partagent leurs découvertes, la ruche "vote" sur l'emplacement le plus approprié en comptant le nombre d'abeilles qui se joignent à la danse ondulatoire et l'intensité de celle-ci. Ce n'est que lorsque les abeilles parviennent à une conclusion commune que la ruche choisit un nouvel emplacement pour sa colonie.

Signes olfactifs ou phéromones

L'apprentissage des phéromones est une étape nécessaire pour comprendre la communication des abeilles mellifères. Les abeilles produisent des substances chimiques appelées phéromones pour communiquer avec les autres membres de leur colonie.

Les bourdons émettent des phéromones plutôt que de danser pour communiquer leurs découvertes à leurs congénères.

Les phéromones se présentent sous différentes formes et peuvent provoquer toute une série de réactions. La première est une phéromone d'alerte, que les abeilles utilisent pour avertir les autres d'un danger imminent.

En outre, les reines créent des phéromones uniques qui contribuent au contrôle de la population. Par exemple, si elle produit une phéromone qui avertit les autres de sa présence et de sa santé, cela motive le reste de la colonie à continuer à produire pour la ruche.

Lorsque les bourdons découvrent une source de nourriture abondante, ils le signalent par une série de courses et de battements d'ailes. Les odeurs de l'endroit d'où ils viennent sont libérées par le battement d'ailes, ce qui incite d'autres ouvrières à suivre la piste.

Même si cette approche n'est pas aussi précise que la danse en rond ou l'agitation pour déterminer la position spécifique de la fleur, elle est efficace pour identifier la présence d'une jolie fleur dans les environs.

Son et vibrations

Les abeilles qui ne résident pas dans une ruche (abeilles solitaires) ont d'autres méthodes de communication. Elles utilisent des vibrations et des sons pour communiquer sans interagir avec d'autres abeilles comme dans une colonie. Ces techniques leur permettent d'informer d'éventuels partenaires ou d'effrayer les prédateurs. Les autres moyens de communication sont les suivants

Les abeilles mâles sont guidées dans leurs galeries souterraines par les vibrations des bourdonnements produits par les abeilles femelles.

Pendant la saison des amours, les abeilles mâles émettent un doux bourdonnement qui rend les femelles plus réceptives.

En cas de danger, les abeilles bourdonnent collectivement pour empêcher les autres de se déplacer.

Lorsque des humains ou des animaux s'approchent trop près de leur nid, ils bourdonnent bruyamment.

Parler aux gens

Selon leur humeur, les abeilles mellifères utilisent leur bourdonnement pour communiquer avec les humains. Par exemple, elles ont tendance à bourdonner plus fort et plus intensément lorsqu'elles ont peur ou sont inquiètes. En revanche, lorsqu'elles sont à l'aise, elles sont plus calmes.

Le bourdonnement des abeilles est un signal crucial pour les apiculteurs, en particulier lors de la récolte du miel ou de l'inspection des ruches. Les abeilles indiquent qu'il n'y a pas de danger à avancer. Toutefois, si elles émettent des bruits forts ou furieux, vous risquez d'être piqué si vous continuez à perturber la ruche.

Les abeilles utilisent également la piqûre comme moyen de communication avec les humains. Elles vous piqueront si vous ne remarquez pas leur bourdonnement d'avertissement, ce qui entraînera la mort d'une abeille domestique femelle. Toutefois, si vous tenez compte de leur avertissement et que vous quittez la ruche, les abeilles ne vous poursuivront pas car elles ne verront plus de menace.

Raisons pour lesquelles les abeilles sont à l'affût

Les abeilles préfèrent ne pas construire leur nid dans les régions densément peuplées. Elles ont depuis longtemps découvert que de nombreux prédateurs considèrent leur miel comme une ressource très précieuse. Ces prédateurs endommagent ou même détruisent leurs maisons et leur précieuse progéniture, en plus de voler leur miel. C'est peut-être la cause initiale de leur déplacement. Quelque chose d'inquiétant ou de perturbateur s'est approché trop près de la ruche, et elles ont donc choisi de fuir plutôt que de s'engager dans un combat pour l'emplacement.

La colonie a souvent besoin d'une maison plus grande parce qu'elle est devenue trop grande pour la ruche.

Elle était sans aucun doute bien servie par l'ancienne ruche, mais celle-ci est devenue surpeuplée avec tous les membres supplémentaires de la ruche. Il est temps de la transférer dans un endroit plus grand pour qu'elle puisse étaler ses meubles, s'agrandir et construire sa colonie.

Résister à l'envie de tuer ou de piéger les abeilles

Les abeilles mellifères sont des insectes utiles et ne devraient pas être éliminées sans qu'il y ait une menace immédiate pour la sécurité humaine. Si les abeilles sont laissées à elles-mêmes, elles s'en iront souvent d'elles-mêmes après quelques heures tout au plus. En outre, si vous essayez d'attraper des abeilles par vous-même, vous risquez fort de perturber leur essaim. Cela pourrait entraîner une attaque. Les attaques d'abeilles à grande échelle peuvent être fatales. Si les abeilles ne sont pas parties au bout de quelques heures, pensez à contacter un professionnel de la lutte contre les nuisibles ou un apiculteur.

Chapitre 5 : GESTION ET ENTRETIEN DES ABEILLES

Toute raison d'avoir des colonies d'abeilles implique de les contrôler régulièrement pour s'assurer qu'elles prospèrent. C'est ce que l'on appelle l'entretien des ruches. Elle est essentielle pour tous les aspects de l'apiculture, y compris l'apiculture de conservation. Les colonies d'abeilles les plus saines sont celles qui bénéficient d'un entretien adéquat des ruches. En outre, cela favorise l'augmentation des taux de rendement de l'apiculture. Les pratiques d'hygiène et celles concernant l'intégrité structurelle des ruches sont deux types d'entretien très différents. Les apiculteurs de tous niveaux peuvent entretenir correctement leurs ruches. Ce guide de l'entretien des ruches présente les nombreuses tâches à effectuer et leurs avantages.

Les ruches ont-elles besoin d'être entretenues ?

En effet, les ruches doivent être entretenues pour rester dans les meilleures conditions d'habitabilité. Les ruches que vous n'entretenez pas rapidement et correctement perdent de leur qualité et de leur utilité. Elles peuvent cesser d'être utilisables par les colonies d'abeilles. Lorsque les apiculteurs négligent leur ruche pendant une période prolongée, les abeilles mellifères rencontrent plusieurs problèmes qui auraient pu être évités. Cela réduit la production et peut amener la colonie d'abeilles à abandonner la ruche.

Quel est le degré d'entretien d'une ruche ?

L'entretien des ruches dépend de leur type et de l'usage auquel elles sont destinées. Dans une exploitation apicole, le matériel utilisé dans les processus de production intensifs nécessite plus d'entretien que celui qui est utilisé moins souvent. En outre, par rapport à la plupart des autres types de ruches, les ruches Langstroth nécessitent moins d'entretien. Cela est dû à la structure modulaire des ruches Langstroth, qui permet de réduire ou d'agrandir la taille des ruches à l'aide de simples boîtes. Il est ainsi possible d'effectuer des tâches d'entretien à l'intérieur et à l'extérieur de la ruche. Les ruches à barrettes nécessitent en moyenne plus d'entretien et de maintenance.

À quelle fréquence faut-il inspecter une ruche ?

Une ruche doit être contrôlée aussi souvent qu'il est raisonnablement nécessaire. L'utilisation d'une ruche détermine la fréquence des contrôles. Les utilisations non intensives, comme la production de miel et de cire, permettent de visiter la ruche souvent et de laisser un long délai entre chaque visite. Les utilisations intensives, telles que la production de gelée royale et la récolte de pollen, nécessitent des visites plus régulières. Les ruches peuvent également être utilisées à d'autres fins, comme l'élevage de reines et le démarrage de nouvelles colonies, ce qui vous oblige à modifier la fréquence de vos visites.

L'efficacité des traitements contre les maladies, les parasites ou les ravageurs des abeilles doit être contrôlée. Au cours de certaines saisons, il peut être nécessaire d'inspecter une ruche une fois par semaine afin de détecter rapidement les problèmes et de prendre les mesures qui s'imposent. Après l'application du traitement, vous devez surveiller la ruche tous les trois ou quatre jours pour voir si les traitements sont efficaces. Vous avez également la possibilité d'ajouter des traitements pendant le contrôle ou de les arrêter à la fin de la période de traitement.

Quand ne faut-il pas ouvrir une ruche ?

Il est important de ne procéder à des interventions intrusives, comme l'ouverture d'une ruche, qu'en cas de nécessité. Même lorsqu'il est temps d'ouvrir une ruche, il y a des situations où il est préférable de ne pas le faire. Il s'agit notamment des chutes de neige, de la pluie et des températures très froides. Il n'est pas conseillé d'ouvrir la ruche en hiver. Pour aider la colonie d'abeilles à augmenter ses chances de survivre à l'hiver, vous devez également isoler vos ruches dès maintenant.

Vous risquez de tuer les abeilles en les soumettant à un froid extrême lors de chutes de neige ou de pluie. Il est également possible que le couvain de la ruche se refroidisse. Il meurt, ce qui annule le succès de la colonie à maintenir sa population stable.

Il est préférable de ne pas ouvrir la ruche immédiatement après l'application de certains traitements. Ces traitements utilisent des substances qui s'évaporent facilement et qui peuvent s'échapper de la ruche. Il s'agit notamment de substances telles que des minéraux et des huiles essentielles pour la lutte contre les insectes, que vous pouvez vaporiser dans la ruche pour le traitement.

Calendrier d'entretien et de gestion des ruches

Il est conseillé d'établir un calendrier pour l'entretien de la ruche afin de pouvoir l'effectuer à temps. Le calendrier vous aide à vous souvenir du moment où vous devez effectuer les tâches d'entretien nécessaires. Il vous permet également de vous assurer que vous effectuez toutes les tâches nécessaires lors de la visite d'entretien de la ruche. Vous pouvez établir des calendriers sur des plates-formes électroniques ou non.

Il est beaucoup plus facile d'obtenir des rappels à l'aide d'outils de planification électroniques tels que BeeKeepPal qu'à l'aide de plateformes non électroniques. La programmation et l'entretien des ruches à l'aide de listes de contrôle sont tous deux possibles grâce à des applications logicielles.

Pour des pratiques d'entretien optimales, il est essentiel d'inclure à la fois la liste de contrôle de l'inspection de la ruche et le programme d'entretien. Cela simplifie la tenue des registres et le processus d'inspection des ruches.

Les reines des abeilles mellifères recommencent à produire des œufs à la fin de l'hiver et au début du printemps (mi-février dans le nord-est des États-Unis) ; c'est alors que la colonie commence à élever sa progéniture. Les abeilles nourricières se nourrissent et nourrissent leur couvain en croissance en utilisant des ressources telles que le pollen et le miel qu'elles ont conservés. Bien que le processus précis par lequel l'élevage du couvain commence ne soit pas connu, il est probablement provoqué par des jours plus longs, un temps plus chaud et une floraison précoce des plantes à fleurs.

Début du printemps

Les abeilles recherchent du nectar et du pollen lorsque le temps se réchauffe et que les fleurs s'épanouissent au printemps. Les abeilles butinent souvent lorsque la température extérieure dépasse 16°C/61°F et qu'il ne pleut pas. Une colonie d'abeilles mellifères peut être en danger au début du printemps. Le temps peut être imprévisible et les besoins nutritionnels du couvain nécessitent beaucoup d'énergie. Les flux de nectar peuvent être ralentis ou stoppés par la neige ou le froid après des jours ou des semaines de temps chaud et de floraison abondante. La colonie court le risque de mourir de faim une fois que l'élevage du couvain commence, car elle risque d'épuiser rapidement ses réserves.

À cette époque de l'année, les apiculteurs, en particulier ceux des régions froides, doivent surveiller de près leurs colonies pour s'assurer qu'elles disposent de suffisamment de nourriture et de chaleur pour leurs petits. Au printemps, les maladies du couvain telles que la loque européenne, la loque crayeuse et la loque sacrée sont les plus susceptibles de se manifester, en particulier lorsque les réserves florales sont peu abondantes.

Dans la plupart des cas, nourrir les abeilles est votre seule responsabilité en matière d'entretien. Il garantit que la ruche se développe le plus rapidement possible. En outre, vous devez traiter la ruche si nécessaire et vérifier la présence d'acariens. Pour éviter de surcharger la colonie d'abeilles, il est nécessaire de contrôler la ruche une fois par semaine. Vous pouvez diviser les colonies au printemps si vous le souhaitez et si la colonie a atteint ce stade. Cela laisse à la colonie et à vous-même suffisamment de temps pour récupérer de la division et retrouver une santé optimale avant la saison de production de l'année.

Une alimentation complémentaire et un meilleur accès aux ressources florales à mesure que le temps se réchauffe peuvent aider à guérir de nombreuses maladies du couvain. Des suppléments de sirop de sucre et des substituts de pollen peuvent fournir aux colonies des ressources insuffisantes pour maintenir les abeilles en vie jusqu'à ce que les réserves de nectar se stabilisent. Un apiculteur peut juger nécessaire d'éliminer une colonie si elle est trop fragile pour résister à la maladie. Cela peut parfois s'avérer plus rentable que de continuer à investir dans le nourrissement.

Les abeilles mellifères commencent à butiner plus activement lorsque la fréquence des températures froides diminue et que les fleurs s'épanouissent. L'abondance des arbres qui fleurissent au printemps fournit d'énormes quantités de nectar et de pollen, ce qui entraîne une forte augmentation du nombre de colonies et de l'élevage du couvain. Ce phénomène se traduit soudainement par un comportement d'essaimage (voir ci-dessous) plus tard au printemps.

C'est au printemps que les nouvelles colonies s'établissent le plus souvent.

De nombreux apiculteurs achètent des paquets, des boîtes grillagées contenant environ 10 000 ouvrières et une reine. Après ouverture du conteneur, les abeilles sont placées dans une ruche vide et reçoivent une nourriture abondante jusqu'à ce qu'elles s'établissent, ce qui leur permet de bénéficier des flux de nectar de mai et juin en Pennsylvanie. Les abeilles emballées nécessitent une attention particulière de la part des apiculteurs car elles n'ont pas de miel, de pollen ou de rayons pour soutenir leur croissance. Les paquets offrent l'avantage d'une incidence plus faible des maladies et des parasites, car les abeilles sont livrées sans rayons ni couvain. L'inconvénient des paquets est qu'ils sont souvent produits en grande quantité, ce qui peut entraîner une baisse de la qualité des reines et donc de la vigueur de la colonie.

L'achat de nucs, ou colonies "nucléus", est une alternative à l'installation de paquets. Les nucléus se composent de couvain, de pollen, de quatre ou cinq cadres de rayons standard remplis d'abeilles, de miel et d'une reine. Comme elles ont des réserves de miel et de pollen et qu'elles n'ont pas besoin de produire autant de cire pour fabriquer les rayons, elles n'ont pas besoin d'être nourries autant que les abeilles emballées. Cependant, les rayons peuvent contenir des parasites, des pesticides et des maladies. Les nucs peuvent être trouvés localement plus tard dans la saison, ou les apiculteurs peuvent les acheter au début du printemps dans le Sud.

L'apiculteur peut également capturer un essaim local pour fonder une nouvelle colonie. Les essaims sont plutôt doux, et s'il y en a un à proximité, l'apiculteur peut l'emmener au rucher et le placer dans une ruche en le secouant dans une boîte en carton. Il est judicieux de leur donner plus de sirop si l'essaim n'est pas placé dans une ruche avec des rayons et des réserves de pollen/miel. Bien que les essaims soient gratuits, ils sont généralement disponibles plus tard au printemps.

Fin du printemps-début de l'été

Les ressources florales sont abondantes et l'ont été pendant de nombreuses semaines à la fin du printemps. Pendant cette période, la colonie a été occupée à élever de nouvelles abeilles. Le développement d'ouvrières adultes à partir d'œufs prend trois semaines, et la transformation de ces ouvrières en butineuses prend trois semaines supplémentaires. La population de la colonie a considérablement augmenté à la fin du printemps, avec l'ajout de butineuses qui ont apporté encore plus de ressources.

La population croissante de la colonie entraîne l'élevage de nouveaux faux-bourdons, ou faux-bourdons mâles, et de nouvelles reines. Lorsque les niveaux de phéromone de reine de la ruche diminuent, l'élevage de nouvelles reines commence. La phéromone de reine se disperse moins dans le nid à couvain dans une colonie plus grande et plus dense. Les abeilles allaitantes y élèvent généralement leurs nouvelles reines car les niveaux de phéromone de reine sont plus faibles sur les bords des cadres. Un grand nombre de cellules royales élevées par les abeilles nourricières est souvent le premier indicateur visible pour l'apiculteur que l'essaimage est sur le point de se produire.

L'essaimage est un défi pour les apiculteurs car il réduit considérablement la taille de la colonie (de 50 % ou plus). En outre, la vieille reine quitte l'essaim, privant momentanément la colonie survivante d'une reine jusqu'à ce qu'une nouvelle reine soit élevée. La nouvelle reine doit grandir, devenir adulte, s'accoupler et commencer à produire des œufs. La production de couvain est donc interrompue pendant plusieurs semaines, ce qui réduit considérablement le nombre de colonies et leur productivité. Les voisins peuvent également être alarmés par l'essaimage de colonies, car ils peuvent s'inquiéter lorsque des essaims apparaissent dans leur jardin.

Des contrôles réguliers de la colonie sont nécessaires pour s'assurer que l'élevage des reines n'a pas commencé et que la chambre à couvain et les hausses de miel ne sont pas remplis. Étant donné que le cycle de vie de l'abeille ne dure qu'environ 16 jours, de l'œuf à la reine mature, les apiculteurs examinent généralement leurs colonies toutes les deux semaines afin d'éviter les essaims. Les apiculteurs peuvent retarder l'essaimage et réduire la congestion de la colonie en ajoutant des cadres de couvain ou des hausses de miel. L'enlèvement et la destruction des cellules royales en développement est un autre moyen d'arrêter l'essaimage. Bien que cette méthode puisse fonctionner, elle demande beaucoup d'efforts et est sujette à des erreurs. Les colonies fortes qui ont hiverné essaieront presque certainement d'essaimer ; même les colonies établies plus tôt au printemps à partir de paquets et de nucléis peuvent essaimer si les ressources sont abondantes.

La division est le meilleur moyen de contrôler l'essaimage après que la colonie a commencé à élever des reines. La division d'une colonie en deux est appelée division : La reine se trouve dans une moitié, tandis qu'une ou plusieurs cellules royales sont laissées dans l'autre. Cette tactique utilise l'habitude d'essaimer pour garder les abeilles à l'intérieur de la colonie tout en augmentant sa taille. Les apiculteurs achètent parfois une reine accouplée qu'ils apportent à la moitié sans reine de la colonie. Parfois, après une scission, une colonie peut essaimer avec une reine vierge, étant donné l'énorme impulsion reproductive.

En élevant artificiellement des reines, les apiculteurs peuvent profiter de l'envie de la colonie de se reproduire à la fin du printemps et de l'abondance des ressources florales disponibles. L'apiculteur peut mieux contrôler le moment de l'émergence des reines, les divisions et la qualité des reines en élevant des reines issues de colonies performantes.

L'été

La colonie récolte et stocke le miel en été pour que les abeilles puissent le consommer en automne et en hiver. Si l'apiculteur a divisé la colonie ou si elle a essaimé, les nouvelles reines se sont accouplées et ont commencé à produire des œufs. C'est à ce moment-là que de nombreux apiculteurs récoltent leur miel.

En outre, l'été est une saison cruciale pour commencer la surveillance du varroa. La gestion des acariens varroa reste la plus grande difficulté de l'apiculture d'aujourd'hui. Pendant les périodes d'élevage massif de couvain, les populations d'acariens se développent rapidement, ce qui explique pourquoi les colonies les plus fortes et les plus grandes d'un apiculteur sont souvent celles qui sont les plus touchées par les infestations. En se nourrissant des larves et des nymphes des abeilles en développement, les acariens affaiblissent l'abeille en croissance et propagent des virus. Les abeilles adultes touchées par les acariens peuvent avoir une durée de vie plus courte, des ailes malformées et une capacité réduite à mener des activités pour la colonie. L'absence de traitement peut entraîner la mortalité de la colonie, car elle réduit la capacité de la colonie à se nourrir et à prendre soin de sa progéniture. Les apiculteurs peuvent prévenir les infestations graves d'acariens en traitant les colonies au début de l'année.

Fin de l'été

En Pennsylvanie, les flux de nectar estivaux diminuent en juillet, ce qui entraîne une pénurie. Pendant cette période, les abeilles mellifères protègent davantage les ressources de leur colonie et peuvent commencer à voler les colonies plus petites ou plus faibles. Réduire les inspections de la colonie pendant une pénurie et installer un écran de vol - un écran unique qui empêche les abeilles extérieures d'accéder à la ruche - sont deux moyens de réduire le vol.

Dans le nord des États-Unis, les colonies commencent également à produire des abeilles d'hiver en août et en septembre, à la fin de l'été. Les abeilles d'hiver sont différentes des abeilles d'été d'un point de vue physiologique. Contrairement aux abeilles d'été, qui ne vivent que six semaines, ces ouvrières survivent jusqu'à six mois. De plus, les abeilles d'hiver ont un corps plus gros et plus gras. Les organes spécialisés connus sous le nom de corps gras se trouvent dans l'abdomen et fournissent aux abeilles les nutriments nécessaires pour survivre à l'hiver. Une population d'abeilles d'hiver robuste est nécessaire pour qu'une colonie survive à l'hiver. Si ces abeilles sont malades ou mal en point, elles mourront pendant l'hiver car la colonie ne pourra pas produire suffisamment de jeunes abeilles pour les remplacer, laissant une grappe d'abeilles d'hiver trop petite pour durer jusqu'au printemps.

Les infections par l'acarien Varroa doivent être identifiées et traitées dès maintenant, car les abeilles d'hiver sont nécessaires au bon déroulement de la saison d'hivernage. Il est conseillé d'utiliser des techniques de lutte intégrée pour contrôler les populations d'acariens. Dans une méthode de lutte intégrée, les maladies et les parasites sont surveillés afin de déterminer le seuil à partir duquel ils peuvent être nocifs. Un traitement est alors mis en place. Il est conseillé d'utiliser différentes méthodes pour lutter contre les maladies et les parasites, en donnant la priorité à celles qui n'utilisent pas de produits chimiques susceptibles d'affecter les abeilles.

Automne

Un autre flux de nectar que les apiculteurs appellent "flux d'automne" se produit dans de nombreuses régions du nord-est au début de l'automne. Cette ressource de fin de saison aide les colonies d'abeilles à stocker le miel, ce qui leur permet de survivre à l'hiver et, dans certains cas, de fournir une deuxième récolte de miel. La colonie produit encore des abeilles d'hiver, donc au début de l'automne, mais le taux de production de couvain diminue.

C'est le moment de surveiller les acariens Varroa pour s'assurer que les traitements administrés à la fin de l'été ont fonctionné et pour déterminer si le nombre d'acariens a augmenté au-delà du seuil fixé pour l'été. Les conditions idéales d'hivernage pour les acariens nécessitent une population minimale.

Bientôt, les colonies d'abeilles mellifères seront entièrement dépendantes de leurs réserves de miel. Les abeilles ouvrières deviennent plus protectrices lorsque les réserves florales deviennent limitées. Les expulsions de faux-bourdons se produisent souvent au cours de cette période, car les perspectives de reproduction de la saison se terminent et les faux-bourdons épuisent maintenant les réserves de nourriture de la colonie. Les bourdons non coopératifs sont transportés hors de la ruche par les ouvrières.

En automne, les apiculteurs sont particulièrement attentifs au poids de leurs colonies. Des populations importantes et le stockage du miel donnent aux colonies les meilleures chances de survivre à l'hiver. Les colonies légères ou faibles peuvent être renforcées par le nourrissement ou fusionnées avec une autre petite colonie pour augmenter leurs chances de survie.

L'hiver

Aussi important soit-il, l'entretien de la ruche en hiver est dangereux. D'une manière générale, n'ouvrez pas la ruche si la température descend en dessous de 15,50 degrés Celsius. Ne retirez jamais les cadres de couvain de la ruche lors des visites d'entretien hivernal, même si la température se situe dans la fourchette recommandée.

Nourrissez les abeilles si nécessaire pendant cette saison froide. Si vous voulez vous assurer que la colonie a suffisamment de nourriture pour passer l'hiver, vous devez utiliser deux cadres de miel pour chaque cadre de couvain. La reine peut réduire considérablement la ponte pendant les mois froids. Si vous remarquez que les réserves de nourriture de la ruche s'amenuisent, soyez patient et attendez une journée chaude pour donner aux abeilles des galettes de pollen et du sirop de sucre.

Pendant l'hiver, l'apiculteur est principalement responsable du nettoyage de la ruche. Enlevez toutes les abeilles mortes du plateau inférieur de la ruche. Plus d'abeilles pourront se concentrer sur le maintien de la chaleur de la ruche car elles n'auront pas à assumer le rôle de croque-mort.

Pour le miel, l'hiver commence lorsque les températures froides détruisent les dernières fleurs. La saison d'élevage du couvain est terminée et la population d'abeilles d'été a disparu. La colonie forme une grappe lorsque les températures sont basses. Une grappe est une collection d'abeilles allongée, à cadres multiples et sphérique. La grappe est constituée de couches ou d'enveloppes d'abeilles dont le noyau est le plus chaud et les couches extérieures les plus froides. Les enveloppes extérieures de la grappe rétrécissent à mesure que la température ambiante baisse. Pour produire de la chaleur, les abeilles doivent avoir accès à des hydrates de carbone, ou miel, comme carburant. Pour ce faire, elles font vibrer leurs muscles de vol. Les ouvrières doivent briser la grappe pour aller chercher de la nourriture à l'extérieur. Cela n'est possible que lorsque le temps est suffisamment chaud pour permettre la mobilité.

Pour atteindre les réserves de miel, la grappe d'abeilles commence souvent au fond de la ruche et se déplace progressivement latéralement et verticalement. Étant donné que les abeilles ne peuvent pas digérer le sirop d'appoint froid, les apiculteurs du nord-est peuvent donner la nourriture d'hiver sous forme de sucre dur ou de fondant en couche au-dessus des cadres les plus hauts de la ruche. Les abeilles auront progressivement accès au repas supplémentaire au fur et à mesure que la grappe monte dans la ruche.

L'hiver offre une occasion inhabituelle de soigner la colonie d'acariens. Les acariens se trouvent tous sur les abeilles adultes, attendant l'occasion de se reproduire au printemps, puisqu'il n'y a pas de couvain. Les apiculteurs traitent leurs ruches avec de l'acide oxalique pendant cette phase d'absence de couvain. L'acide oxalique est un composant organique naturellement présent dans le miel. L'acide oxalique est mortel pour les acariens des abeilles adultes, mais il a peu d'effet sur les acariens enfermés dans des cellules operculées, qu'il soit administré sous forme liquide dans la ruche ou sous forme de fumigation concentrée. Grâce à notre traitement hivernal contre les acariens, la colonie reprendra son cycle de vie avec très peu d'acariens, voire aucun.

Ruche d'hiver

Faible entretien de la ruche

Il s'agit d'une méthode d'apiculture qui implique peu d'interventions sur les colonies d'abeilles. L'accent est mis sur l'état naturel des abeilles et sur leur comportement. Cette forme d'apiculture met moins l'accent sur la production de produits de la ruche. L'objectif principal est de permettre aux ruches d'abeilles d'exister dans un environnement naturel où l'essaimage est autorisé à volonté. Les apiculteurs qui pratiquent l'apiculture à intervention minimale signalent que leurs colonies d'abeilles ont un faible niveau de stress en raison du peu de perturbations qu'elles subissent.

L'ouverture systématique des ruches ne fait pas partie de l'apiculture à faible entretien. Ce n'est que dans des cas extrêmes que l'apiculteur ouvre la ruche. Deuxièmement, les traitements chimiques dans la ruche ne sont pas utilisés dans cette forme d'apiculture. Le troisième principe de l'apiculture à faible entretien est l'encouragement de la construction naturelle des rayons. Dans cette forme d'apiculture, les plaques de fondation ne sont pas utilisées. D'autres caractéristiques de l'apiculture à faible entretien des ruches comprennent l'utilisation de souches locales d'abeilles mellifères, la possibilité d'un comportement d'essaimage naturel, la possibilité d'un équilibre naturel entre les abeilles ouvrières et les abeilles bourdons et l'extraction du miel en excès.

1. Ouverture de la ruche

L'ouverture de la ruche n'est pas bien accueillie par les abeilles. Elles souhaitent que la ruche reste toujours fermée.

Un apiculteur peu interventionniste s'abstient d'ouvrir la ruche. Il observe le comportement des abeilles à l'entrée de la ruche pour vérifier si la colonie se porte bien. S'il constate que la colonie a des problèmes, il peut ouvrir la ruche pour un bref contrôle visuel afin d'identifier le problème et de prendre les mesures qui s'imposent.

Le fait d'éviter d'ouvrir la ruche permet à la colonie d'abeilles d'avoir une production continue. Elle évite à la colonie d'être stressée. Elle contribue également à la tranquillité de la colonie d'abeilles. Si la ruche d'une colonie d'abeilles est ouverte trop souvent, la colonie peut finir par devenir hostile.

2. Traitements chimiques

Bien que les traitements chimiques soient utiles en apiculture, ils comportent plusieurs risques. Le risque le plus important est souvent la présence continue du produit chimique dans la ruche pendant le traitement. Il peut également mettre en danger les consommateurs en se retrouvant dans les produits de la ruche.

La possibilité que les traitements chimiques nuisent aux abeilles est un autre problème lié à leur utilisation en apiculture. Les abeilles mellifères peuvent subir des dommages directs, entraînant leur mort ou leur invalidité. Ils peuvent également avoir des effets moins évidents, en altérant la capacité innée des abeilles mellifères à se protéger contre les maladies. En conséquence, la colonie devient vulnérable aux infections et aux maladies qu'elle ne contracterait pas normalement.

L'apiculture à faible intervention ne préconise pas l'utilisation de traitements chimiques en raison des risques. Les apiculteurs doivent utiliser un minimum d'insecticides afin que les abeilles puissent se défendre naturellement contre les maladies, les parasites et les ravageurs. Pour aider les abeilles, les apiculteurs ont souvent recours à des médicaments naturels tels que des préparations à base de plantes et des extraits d'huiles végétales.

3. Construction de peignes naturels

Les abeilles mellifères construisent des rayons de différentes tailles dans leur ruche en fonction de leurs besoins. En général, elles dessinent des rayons de la taille d'un bourdon juste quand elles en ont envie. Les apiculteurs qui utilisent des plaques de fondation pour gérer la phase de couvaison obligent les abeilles mellifères à produire des rayons pour les abeilles ouvrières. Pour produire des abeilles ouvrières plus grandes, ils modifient également la taille des alvéoles du nid d'abeilles. L'apiculture à faible entretien n'est pas favorable à ces modifications. Les abeilles mellifères peuvent créer des rayons avec la taille de cellule qu'elles souhaitent de manière organique. Comme l'apiculture à faible intervention n'utilise pas de feuilles de fondation, les abeilles ne reçoivent aucune aide pour développer les rayons.

4. Populations naturelles d'abeilles mellifères

Les apiculteurs ont souvent recours à différentes mesures pour arrêter le développement des faux-bourdons dans les ruches. En effet, les faux-bourdons n'aident pas la ruche à récolter des ressources. Elles ne participent pas non plus aux tâches de la ruche, comme la protection et le nettoyage de la ruche. Elles sont les consommatrices nettes de ressources de la ruche. Pour ces raisons, les apiculteurs peuvent souhaiter réduire autant que possible le nombre de faux-bourdons dans leurs colonies.

Les bourdons sont utiles en apiculture parce qu'ils fécondent les reines. Tout apiculteur d'une région apicole qui souhaite que ses reines vierges fécondent naturellement est affecté par une pénurie de faux-bourdons. Chaque apiculteur doit donc augmenter le nombre de faux-bourdons disponibles pour l'accouplement avec les reines. Dans l'apiculture à faible intervention, chaque ruche peut avoir autant de faux-bourdons qu'elle le souhaite. Cela garantit un nombre suffisant de faux-bourdons dans la région pour que les reines puissent s'accoupler. Cela augmente la qualité du patrimoine génétique dont disposent les apiculteurs.

5. L'essaimage

Les colonies d'abeilles se multiplient grâce au mécanisme de l'essaimage. Elles le font lorsque les ressources sont abondantes dans l'environnement. L'essaim divisé a le plus de chances de réussir s'il essaime rapidement. L'élevage d'une nouvelle reine dans la ruche est la première étape du processus. Jusqu'à 60 % des abeilles ouvrières de la ruche partent avec l'ancienne reine. La nouvelle reine émerge et commence son vol nuptial après l'essaimage. Elle peut ensuite continuer à produire des œufs et à maintenir la force optimale de la colonie.

Les abeilles mellifères se régalent de miel avant d'essaimer. Il renforce leurs forces tout au long du processus d'essaimage. Le miel contribue également à augmenter la production de cire une fois que l'essaim a trouvé un lieu de résidence.

Les apiculteurs essaient souvent d'éviter l'essaimage parce que celui-ci réduit naturellement la force de la colonie et que les abeilles consomment du miel dans la ruche. Ils ont besoin que la colonie reste forte en permanence pour générer de grandes quantités de produits de la ruche. D'un autre côté, une colonie qui n'essaime pas peut se retrouver à l'étroit dans la ruche. Elle épuise rapidement les ressources de la ruche et devient grincheuse.

L'apiculture à faible entretien des ruches contribue à augmenter le nombre d'abeilles mellifères dans l'environnement en permettant l'essaimage naturel. Elle est essentielle à la protection des abeilles mellifères car elle permet aux colonies d'abeilles mellifères de prospérer dans la nature. Cela améliore également le patrimoine génétique de la région pour l'apiculture.

6. Souches locales d'abeilles mellifères

Il existe des souches d'abeilles indigènes dans toutes les régions où l'on pratique l'apiculture. Ces variétés régionales d'abeilles mellifères sont bien adaptées à leur habitat. Elles n'ont pas besoin de beaucoup d'aide pour survivre aux différentes saisons de l'année. Elles peuvent également résister à des épidémies dans la ruche avec peu ou pas d'aide de la part de l'apiculteur.

En outre, les ravageurs et les parasites indigènes ne nuisent pas facilement aux souches locales d'abeilles mellifères. Elles savent quelles plantes utiliser pour prévenir la propagation des maladies et repousser les infestations d'insectes et de parasites.

Les souches d'abeilles locales sont les meilleures pour l'élevage dans la région en raison de leur meilleur taux de survie et de leur meilleure compréhension de l'environnement. Pour une apiculture nécessitant peu d'entretien, elles sont donc préférées à d'autres souches d'abeilles mellifères provenant de l'extérieur de leur zone apicole particulière.

7. Récolte des produits de la ruche

L'apiculture à faible entretien de la ruche se caractérise par un état d'esprit très peu interventionniste. Les apiculteurs s'efforcent de préserver le moins de ressources possible dans la ruche tout en collectant des produits. Pour nourrir leur colonie et s'occuper de leurs petits, les abeilles ont souvent besoin de la cire d'abeille et du miel qu'elles produisent dans leur ruche.

Les abeilles mellifères consomment le miel qu'elles ont stocké dans leur ruche pendant l'hiver parce qu'il n'y a pas de sources de nourriture. Si le miel stocké est enlevé, les abeilles mellifères risquent de mourir de faim pendant l'hiver.

Les abeilles de l'apiculture à faible intervention peuvent conserver tout leur miel pendant l'hiver et jusqu'au début du printemps. L'apiculteur peut récolter un peu de miel de la récolte de l'année précédente lorsque les réserves de nourriture sont suffisantes dans l'environnement, s'il est certain qu'il s'agit de miel excédentaire. Si les rayons de miel doivent être éliminés pour des raisons sanitaires, ils sont remis dans la ruche ou laissés à l'extérieur.

Lors de la collecte de ces produits de la ruche, les apiculteurs essaient de prendre exactement ce dont ils ont besoin, et non pas autant qu'ils le peuvent. Ainsi, les abeilles mellifères disposent toujours d'une nourriture suffisante. Les abeilles n'ont plus besoin d'être nourries avec du sirop de sucre, qui n'est pas une source de nourriture naturelle.

Activités d'entretien de la ruche

L'entretien des ruches commence peu après l'établissement d'une colonie d'abeilles et la mise en place d'une ruche dans un rucher. Il n'y a pas beaucoup de temps pour se détendre jusqu'à ce qu'il soit temps de récolter les produits de la ruche. Toute entreprise apicole qui souhaite produire du miel de la ruche avec succès doit procéder à des soins et à un entretien de routine. Une ruche bien entretenue offre des conditions de vie idéales aux abeilles.

De tous les types de ruches, les ruches Langstroth sont celles qui nécessitent le moins d'entretien et de soins, ce qui les rend idéales pour l'apiculture contemporaine. Les apiculteurs doivent reconnaître que la saison du printemps demande plus d'attention et d'entretien que les autres saisons.

Voici les principales tâches d'entretien de la ruche tout au long de l'année de production :

1. Réparation et remplacement des pièces endommagées

Les ruches se détériorent naturellement avec le temps, diminuant ainsi leur utilité. Les intempéries, l'humidité, les animaux et les insectes sont autant de sources d'usure. Lorsque cela est possible, procédez à des examens visuels de différentes intensités. Faites-le chaque fois que vous manipulez vos ruches ou que vous pouvez les voir. Il est essentiel d'identifier le plus tôt possible les éléments cassés de la ruche afin de les remplacer ou de les réparer rapidement.

Déterminez l'étendue des dégâts et décidez de remplacer ou de réparer les parties endommagées ou cassées de la ruche ou de ses composants. Quel que soit votre choix, faites effectuer le remplacement ou les réparations le plus rapidement possible afin de remettre la ruche en état le plus tôt possible.

2. Nettoyage de la ruche

La propreté de la ruche est l'une des exigences les plus importantes pour la production de produits de la ruche de haute qualité. Les ruches sont maintenues propres à la fois par l'apiculteur et par les abeilles. Régulièrement, les abeilles domestiques éliminent les abeilles mortes et les débris de la ruche. Dès qu'un papier, un nourrisseur, un chiffon ou tout autre objet a rempli son rôle, retirez-le de la ruche de votre côté. En outre, veillez à ce que les rayons de miel ne soient dessinés qu'aux endroits prévus à cet effet et qu'ils soient droits. Éliminez la propolis et les bavures qui remplissent les mauvais endroits de la ruche.

Aidez les abeilles à nettoyer la ruche après une maladie ou une infestation d'insectes. Éliminez les abeilles mortes et les nids d'abeilles disgracieux, tels que ceux qui contiennent des toiles de larves de fausse teigne et de la bave. Retirez également les rongeurs morts de la ruche.

Propolis

3. Gestion des entrées

La demande des abeilles pour l'entrée de leur ruche varie selon les saisons. Elles utilisent beaucoup l'entrée pendant les saisons de pointe. En revanche, elles utilisent rarement l'entrée pendant les saisons creuses, comme l'hiver. Elles ne se rendent que brièvement à l'entrée pour déféquer tout au long de l'hiver. Il est donc essentiel de contrôler l'entrée de la ruche pour répondre aux besoins des abeilles. La gestion des entrées de ruches tient également compte de la capacité de la colonie d'abeilles à protéger l'entrée.

Un réducteur d'entrée est utilisé pour la gestion de l'entrée. Il peut être fabriqué en bois ou en plastique. Les abeilles peuvent utiliser les trous de différentes tailles du réducteur d'entrée pour entrer ou sortir de la ruche. Des réducteurs d'entrée bien conçus permettent une ventilation suffisante de la ruche, même avec une entrée beaucoup plus petite.

4. Installation des super boîtes à miel et des grilles à reine

Il est préférable d'installer les boîtes à miel et les grilles à reine dans les ruches à la fin du printemps ou au début de l'été. Les grilles à reine sont un élément pratique de la ruche. Elles vous aident à produire un miel pur, dépourvu d'œufs ou de couvain. Une grille à reine empêche la reine d'entrer et de déposer ses œufs dans une zone particulière de la ruche. Cela signifie que la zone de la ruche ne peut plus être utilisée que pour stocker du miel.

L'idée qui sous-tend les grilles à reine est que la reine est la plus grosse abeille de la colonie. La grille à reine comporte donc des interstices par lesquels les abeilles ouvrières et les faux bourdons peuvent passer, mais pas la reine. Avant d'installer la grille, trouvez la reine et assurez-vous qu'elle se trouve dans la partie de la ruche réservée au couvain.

Les boîtes de stockage de miel que vous placez sur votre ruche sont des super-boîtes à miel. Elles servent à stocker les réserves de miel pour les abeilles. Jusqu'à la fin de la saison de production, vous pouvez récolter du miel dans les super-boîtes. Laissez les hausses de miel sur la ruche à l'approche de la fin de l'automne, lorsque les abeilles ont peu de sources de nourriture accessibles, afin qu'elles aient quelque chose à consommer pendant l'hiver.

5. Remplacer la cire d'abeille perdue

Cire d'abeille

La cire d'abeille est une ressource vitale pour la ruche. Les abeilles utilisent cette substance pour construire des nids d'abeilles, qu'elles utilisent pour élever leurs petits et stocker le miel. Dans la ruche, la cire d'abeille a également d'autres fonctions bénéfiques, comme le contrôle de la température. La population et la taille de la colonie sont affectées lorsque la ruche ne contient pas suffisamment de cire d'abeille. La cire d'abeille peut se détacher des cadres lors de la manipulation des cadres de la ruche.

Si vous donnez du sirop de sucre aux abeilles pendant quelques jours, elles commenceront peut-être à produire de la cire dans la ruche. Lorsque vous achetez de la cire d'abeille pour nourrir vos colonies d'abeilles, assurez-vous qu'elle est naturelle et exempte de maladies, de produits chimiques, de parasites et de ravageurs qui affectent les abeilles.

6. Installation d'une protection contre le soleil et la pluie

Les ruches sont protégées lorsqu'elles sont à l'ombre, tout comme la colonie d'abeilles. Gardez la ruche à l'abri de la pluie, de la neige et d'un ensoleillement direct excessif. Ce sont les éléments les plus destructeurs du bois et ils causent des perturbations pour les abeilles. La ruche devient trop chaude lorsqu'elle reçoit trop de soleil direct. Par conséquent, les ressources sont détournées pour refroidir la ruche.

Les températures élevées à l'intérieur de la ruche peuvent rendre la cire d'abeille trop fragile et la faire se détacher en gros morceaux des cadres de la ruche. Gardez la ruche à l'ombre du soleil brûlant de la mi-journée et de l'après-midi autant que possible pour éviter ces effets nocifs des températures élevées.

Il est désagréable que la pluie et la neige s'infiltrent dans la ruche ou mouillent le bois. Cela augmente le risque de développement de champignons dans la ruche. L'humidité provoque le pourrissement du bois et le gauchissement des pièces de bois. L'installation d'un bon couvercle télescopique sur le dessus est la première étape idéale pour prévenir ces problèmes d'humidité dans votre ruche. Pour s'assurer que les précipitations n'entrent pratiquement pas en contact avec la ruche, vous pouvez également placer un second toit au-dessus de celle-ci.

7. Assurer la ventilation

L'aération est nécessaire aux abeilles pour l'échange d'oxygène dans la ruche. Elles ont également besoin que la température de la ruche reste à un niveau acceptable. Ces processus cruciaux sont rendus possibles par la ventilation, qui permet l'échange d'air entre la cavité et l'environnement de la ruche.

Une ventilation inadéquate pousse les abeilles à mourir de faim ou à se rassembler à l'extérieur de la ruche pour chercher de l'air plus frais. C'est ce qu'on appelle la barbe. Ce phénomène se produit lorsque la colonie d'abeilles ne peut pas réguler les températures excessivement élevées à l'intérieur de la ruche.

Le contrôle du taux d'humidité de la ruche est le troisième objectif de la ventilation. La condensation est évitée à l'intérieur de la ruche grâce à l'échange d'air avec l'environnement extérieur. La neige ne se développe pas dans une ruche correctement ventilée.

8. Inspection des brise-vent

Les ruches peuvent être endommagées lorsqu'elles sont renversées ou ouvertes par des vents violents. En outre, le vent peut refroidir excessivement la ruche ou apporter de l'humidité à l'intérieur. L'installation d'un brise-vent près de la ruche permet de l'isoler des vents violents. Il peut s'agir d'une structure en plastique, en métal ou d'éléments vivants, comme une clôture. Les brise-vent mobiles sont idéaux lorsque l'on déplace la ruche. Ils facilitent la réinstallation du brise-vent, contrairement à l'utilisation de plantes pour protéger la ruche du vent.

9. Lutte contre les menaces pesant sur le bois de la ruche

Le bois de vos ruches est vulnérable à de nombreux produits chimiques qui l'endommagent, l'affaiblissent et le détruisent. Les trois principales menaces qui pèsent sur le bois sont les insectes, l'humidité et les animaux. L'utilisation de traitements, la propreté de l'environnement des ruches et le maintien de conditions sèches à l'intérieur et autour de la ruche sont des moyens de contrôler ces agents.

Les termites et autres insectes nuisibles au bois peuvent se trouver dans les feuilles sèches et autres débris à proximité des ruches. Enlevez-les et appliquez des traitements contre les termites et les cloportes autour de la ruche. En outre, appliquez des produits de conservation sur le bois, comme la cire, pour l'aider à résister à l'humidité et aux dommages causés par les insectes.

10. Assurer la sécurité des ruches et des ruchers

Les ratons laveurs, les moufettes, les ours et les souris sont bien connus pour détruire les ruches. Ils attaquent les ruches pour tenter d'obtenir de la nourriture ou un refuge. Les ours peuvent se souvenir de l'emplacement des ruches et reviendront jusqu'à ce qu'ils démolissent votre rucher. Les petits animaux opportunistes attaquent souvent les ruches. En automne, ils s'introduisent souvent dans les ruches, à la recherche d'un endroit où passer l'hiver.

Le sommet de la ruche est fixé à l'aide d'un poids afin d'empêcher les ratons laveurs de pénétrer dans la ruche par ce biais. Placez un protège-souris à l'entrée de la ruche, sur ses pattes et sur son socle. Le rucher doit être clôturé pour le protéger des ours et autres gros animaux. Il est préférable d'installer une clôture électrique pour protéger efficacement le rucher contre les ours.

Résumé

Les apiculteurs ont un large éventail de tâches d'entretien à effectuer pour leurs ruches. Certaines font partie des protocoles d'exploitation de base que vous devez respecter dans toutes les activités apicoles. Votre expérience apicole vous informe progressivement sur les tâches à effectuer plus souvent que d'autres. Si certaines procédures d'entretien sont nécessaires pour votre entreprise apicole, vous pouvez également les effectuer en dehors des opérations régulières.

Les ruches doivent rester propres, avoir une structure saine et être généralement fonctionnelles pour les abeilles mellifères en tant qu'habitat. Un bon entretien des ruches favorise la santé, la productivité et la sécurité des colonies. Pour élever des colonies d'abeilles mellifères en bonne santé, utilisez les conseils fournis dans ce guide d'entretien des ruches, destiné aussi bien aux novices qu'aux spécialistes de l'apiculture.

Chapitre 6 : COMMENT RÉCOLTER LE MIEL

Obtenir du miel frais et délicieux est peut-être l'un des plus grands plaisirs de l'apiculture, que vous souhaitiez le vendre, le partager avec votre famille et vos amis ou en déguster au petit-déjeuner. La plupart des gens aiment la saveur du miel, et certains peuvent vous parler de ses nombreux autres avantages, mais les apiculteurs apprécient également la simple satisfaction de participer à ce qu'ils ont contribué. Examinons les principes fondamentaux de la procédure de collecte et de traitement du miel en deux étapes, qui permet de faire passer cette douceur dorée des ruches aux bocaux. Récolte La récolte du miel consiste à éloigner les abeilles des rayons de miel et à transférer en toute sécurité les rayons de miel de la ruche vers une zone de traitement (votre cuisine ou votre garage, par exemple). C'est assez facile, mais qu'en est-il du choix de la meilleure période de l'année pour récolter ou de la quantité de miel à donner aux abeilles ? Ce sont des questions cruciales qui peuvent avoir un impact sur la survie de votre colonie. Il est préférable d'éviter de récolter du miel au cours de la première saison de la colonie.

Il faut plutôt leur permettre de s'établir et d'accumuler des réserves. Avec un peu de chance, l'année suivante, elles produiront un bon surplus. Après une importante récolte de nectar en juillet, lorsque la ruche est pleine de miel operculé, de nombreux apiculteurs récoltent leurs colonies établies, en fonction du climat dans lequel ils vivent. Les meilleurs moments pour trouver le plus de miel operculé et la récolte de nectar sont bien plus importants que la date du calendrier. Étant donné qu'il y a souvent une deuxième récolte de nectar à l'automne, la récolte peut également être possible. Pour déterminer le moment de la récolte, il est utile de tenir compte du fait que les abeilles protègent mieux les rayons de miel que les humains. Laissez les abeilles s'en occuper si vous n'êtes pas prêt. En cas d'échec, vous pouvez prévoir de l'utiliser comme nourriture pour les abeilles au printemps suivant ou de le récolter plus tard, peut-être à l'automne. La récolte du miel nécessite une attention particulière dans les endroits où il y a peu de coléoptères de la ruche et dans les climats chauds où les fausses teignes sont omniprésentes. Cela signifie qu'il faut récolter uniquement ce que l'on peut transformer immédiatement. Quelle quantité récolter ? Il est important de se rappeler qu'une quantité suffisante de miel permet à la colonie de survivre à l'hiver, quelle que soit la date de la récolte. Certains apiculteurs ayant des colonies robustes et bien établies récoltent en été et en automne, mais si l'année a été difficile pour votre colonie, vous devrez peut-être envisager de prendre vos précautions et de récolter très peu, voire pas du tout, de miel pendant une saison. Si vous avez été prudent l'été et l'automne précédents, une colonie peut avoir des réserves supplémentaires que vous pourrez récolter au printemps si elle survit à l'hiver. Certains apiculteurs conseillent de laisser un certain poids de miel dans la ruche pendant l'hiver. Nous proposons de calculer approximativement la quantité de miel à laisser à vos abeilles en assurant un rapport minimum de 1:1 entre le couvain et le miel. Cela implique de laisser au moins une hausse de miel si une ruche Langstroth contient une boîte à couvain. De même, il faut laisser au moins 5 barrettes de miel dans une ruche à barrettes supérieures s'il y a 5 barrettes de couvain. De même, nous vous conseillons de demander conseil aux experts de l'organisation apicole de votre quartier en cas de doute.

Méthodes de récolte

Vous avez choisi le moment et la quantité de miel à récolter. Il vous faut maintenant convaincre les abeilles de transporter le miel jusqu'à votre installation de traitement et de le laisser pendant un certain temps. L'approche la plus populaire pour les ruches Langstroth sera abordée en premier. Néanmoins, ces idées devraient être utiles même si vous utilisez une ruche Warre ou une barrette supérieure à la place. Nous passerons en revue trois techniques sûres pour extraire les abeilles des hausses de miel afin de pouvoir transporter le miel jusqu'à votre installation de traitement :

1. Utiliser une brosse à abeilles

La brosse à abeilles est peut-être la meilleure option si vous avez un petit nombre de hausses à examiner et que vous souhaitez une solution facile et peu coûteuse. Placez une hausse vide à côté de votre ruche et extrayez les cadres pleins de miel operculé. Brossez doucement mais fermement les abeilles vers le bas en utilisant le moins de coups possible. Une fois les abeilles retirées du cadre, placez le cadre entier dans la super-boîte inoccupée pour éviter le vol. Vous êtes prêt à transporter cette boîte vers votre lieu de traitement une fois qu'elle est pleine.

2. Utiliser une abeille pour s'échapper

L'échappatoire pour abeilles est une planche plane placée sous les hausses pleines pour les séparer de la zone de couvain. Sa face inférieure comporte ce qui semble être un simple labyrinthe et une petite grille. Son fonctionnement est similaire à celui d'une grille à reine, mais pour chaque abeille. Une fois qu'elles sont descendues, elles ne peuvent plus remonter.

Sortez vos hausses pleines avant de l'installer. Ensuite, placez une hausse supplémentaire au-dessus de la boîte à couvain. L'objectif est de donner aux abeilles de l'espace pour agir pendant que vous traitez les hausses que vous enlevez. Idéalement, cette hausse supplémentaire comprendra un rayon ou des cadres tirés sur lesquels le miel a été récolté la saison précédente, afin que les abeilles aient de quoi travailler. Vous devez utiliser la fondation ou les cadres vides si c'est tout ce que vous avez.

Placez ensuite le Bee Escape, côté écran vers le bas, sur ce super, puis empilez vos supers complets sur le Bee Escape.

Après avoir installé la grille, vous devrez attendre au moins deux nuits pour que chaque abeille la traverse afin de réchauffer le couvain. Vous devrez également colmater toute brèche ou ouverture potentielle dans les hausses afin d'empêcher les abeilles d'y revenir. Astuce : utilisez du ruban adhésif de peintre. Les hausses seront vides lorsque toutes les abeilles seront passées par la trappe, et vous pourrez simplement les transférer dans votre zone de traitement.

3. Utiliser un souffleur d'abeilles

Un souffleur d'abeilles est simplement un souffleur de feuilles muni d'un dispositif de réduction du flux d'air à l'extrémité. Cet accessoire permet de souffler les abeilles sur le bord de chaque cadre en envoyant de l'air entre les cadres d'une ruche. Au départ, placez la hausse sur le côté dans un endroit bien dégagé, à peu près à hauteur de la hanche. Ensuite, mettez le souffleur en marche et expulsez les abeilles en passant d'un cadre à l'autre à travers le supercadre. Pour viser chaque côté de chaque cadre, vous devrez incliner légèrement les cadres avec votre main libre au fur et à mesure que vous avancez. Une fois les abeilles retirées de chaque cadre, le supercadre est prêt à être transporté vers votre lieu de traitement.

Ruches Top Bar et Warre

Vous devrez probablement utiliser la méthode de la brosse à abeilles lorsque vous prélèverez des ruches à barrettes supérieures. Vous pourrez peut-être utiliser une ruche Warre pour vous aider avec les autres techniques de Langstroth, mais si ce n'est pas le cas, vous avez toujours la possibilité d'utiliser l'approche de la brosse à abeilles.

Traitement

Une fois le miel traité, il faut le retirer des cadres pour le mettre en pot, ou dans tout autre contenant que vous avez en tête. C'est très différent de l'apiculture sur le terrain ; certains apiculteurs externalisent même totalement cette partie du processus. Certaines personnes découvrent qu'elles souhaitent se consacrer entièrement à la transformation du miel et cesser de s'occuper des ruches. Cependant, la plupart des apiculteurs combinent généralement les deux. Voici les principales options de transformation, de la plus petite à la plus grande échelle :

1. Miel en rayons coupés

Nous appelons "miel à rayons coupés" le résultat de la procédure de transformation la plus simple du miel. Ce carré de nid d'abeilles brut est retiré du cadre à l'aide d'un coupe-peigne.

Les carrés en nid d'abeille sont faciles à découper et à conserver pour un usage ultérieur ou pour la vente si vous disposez d'un coupe-peigne et de petites boîtes de la même taille.

Le miel et la cire du miel en rayon sont comestibles, bien que la cire soit à peine perceptible lorsqu'elle est consommée avec modération ou combinée à d'autres aliments. Vous pouvez mâcher les rayons coupés comme du chewing-gum. Il suffit de jeter la cire une fois que vous avez consommé tout le miel.

2. Écrasement et contrainte

"L'écrasement et le filtrage sont peut-être la technique de traitement du miel à petite échelle la plus souvent utilisée. Bien qu'il existe de nombreuses variantes, le concept général consiste à percer ou à désoperculer chaque cellule du rayon pour permettre au miel de s'écouler, puis à placer le rayon dans un tamis ou une étamine pour permettre au miel de tomber dans un récipient tout en retenant la cire. Vous pouvez "écraser" le rayon de miel de différentes manières, par exemple en coupant les opercules lorsque le rayon est encore dans le cadre et en faisant simplement glisser le rayon désoperculé dans un seau à l'aide d'une spatule, en le brisant avec un couteau sur une planche à découper ou en l'écrasant avec vos mains. Si chaque cellule est rompue pour permettre au miel de s'écouler, c'est bon. Sachez que cette opération risque d'être très salissante et qu'il est préférable de se rendre dans le garage plutôt que dans la cuisine si cela est possible.

3. Centrifugeuse

Si vous traitez une énorme quantité de hausses chaque saison, vous pouvez envisager d'acheter une centrifugeuse. Il s'agit d'un mécanisme à rotation rapide qui fait sortir le miel des cadres. Après avoir dévissé les bouchons et placé les cadres dans la machine, vous n'avez plus qu'à attendre que le miel s'écoule dans votre seau ou autre récipient. Les centrifugeuses existent en différentes tailles, depuis les petits modèles à manivelle jusqu'aux grandes machines de la taille d'une pièce, capables de traiter un très grand nombre de cadres avec une automatisation remarquable.

Les centrifugeuses permettent non seulement d'automatiser une grande partie du travail, mais aussi de laisser les rayons étirés - une ressource très précieuse - dans les cadres. À l'avenir, les abeilles pourront utiliser ce rayon étiré dans de nombreuses situations qui simplifieront grandement votre vie et la leur.

Résumé

Donner la priorité aux besoins de vos abeilles et garder un œil sur la santé de la colonie et l'écologie environnante sont des éléments essentiels pour être un apiculteur naturel. Une fois que vous avez pris toutes les mesures nécessaires et que votre colonie s'épanouit et produit en abondance la substance dorée, il est temps de vous réjouir et de récolter les fruits de votre travail.

Chapitre 7 : DÉPANNAGE DES DÉFIS COURANTS

L'apiculteur rencontre de nombreuses difficultés, mais le succès est généralement le fruit de la persévérance.

Les plus grands défis consistent à trouver un bon emplacement pour son rucher, à obtenir des aliments pour animaux variés et en quantité suffisante, à fournir de l'eau fraîche, à prévenir l'empoisonnement des abeilles, à faire face aux adversaires naturels des abeilles, au vol humain et au vandalisme, et à gérer les menaces liées au changement climatique, notamment les sécheresses et les inondations, ainsi que les incendies de vallées.

Fourrage

L'emplacement du rucher est crucial car il doit se trouver à proximité d'une série de plantes en fleurs que les abeilles peuvent visiter.

Les fleurs sauvages, les potagers plantés, les plantes qui produisent des céréales ou de l'huile et les vergers en sont quelques exemples. Selon la recherche, pour rester en bonne santé, former un essaim robuste et produire de grandes quantités de miel, les abeilles ont besoin de nectar et de pollen provenant d'un large éventail de plantes en fleurs.

Les feux de friche représentent un énorme défi car ils détruisent les plantes qui fournissent le nectar et le pollen aux abeilles.

Les plantes locales doivent produire suffisamment de nectar, qui fournit aux abeilles des hydrates de carbone et peut être converti en miel, et de pollen, qui fournit aux abeilles des protéines. De nombreuses plantes produisent de grandes quantités de nectar, qui ne convient pas à la production de miel. Par exemple, certaines espèces d'euphorbes, comme l'euphorbe à miel et l'amande amère (Brabeium stellatifolium), produisent un miel au goût amer.

Pour s'assurer que les abeilles ont de la nourriture tout au long de l'année, il est bon de disposer de différentes sources de fourrage. Un complément de nourriture peut s'avérer nécessaire si le fourrage est insuffisant en période de sécheresse ou en hiver.

L'eau

Les abeilles doivent avoir accès à de l'eau propre et pouvoir contrôler la température à l'intérieur de la ruche à des fins de reproduction. Les abeilles semblent préférer l'eau qui a été légèrement chauffée par le soleil.

Si un baril ou un réservoir est utilisé pour stocker l'eau, un morceau de bois flottant sur le dessus fournira un endroit sûr où les abeilles pourront s'asseoir pendant qu'elles s'abreuvent.

L'eau potable peut également être produite par un tuyau dans un bac ou une cuvette de filtre à sable, et les abeilles peuvent être empêchées de se noyer en versant de l'eau à partir du tambour.

Climat

Plus de 70 % des cultures mondiales sont principalement pollinisées par les abeilles. Les abeilles étant sensibles à la température, les changements climatiques susceptibles d'entraîner des températures plus élevées et des sécheresses plus longues pourraient avoir un impact immédiat sur la biologie, le comportement et la répartition des abeilles. Indirectement, le changement climatique pourrait entraîner une diminution du nombre de fleurs, ce qui signifierait une diminution des sources de nourriture pour les abeilles.

La température idéale pour les abeilles se situe entre 16 et 32 °C, et la température interne de la ruche est maintenue à 35 °C. Les abeilles utilisent des techniques de chauffage et de refroidissement, principalement en se plaçant et en déployant leurs ailes pour thermoréguler leur ruche afin de résister à la chaleur de l'été et au froid de l'hiver.

Les conditions météorologiques ont un impact sur l'ensemble des activités de vol des abeilles, qui évitent de butiner sous la pluie et pendant les orages. Les plantes ne libèrent pas souvent de pollen dans ces conditions ; si c'est le cas, il sera très probablement emporté par les eaux.

Empoisonnement des abeilles

Les abeilles sont empoisonnées par la plupart des pesticides utilisés sur les cultures. Les insecticides sont classés en trois catégories en fonction de leur dangerosité pour les abeilles. Si certains insecticides sont moins nocifs, d'autres peuvent encore tuer les abeilles plusieurs jours après leur application.

Les symptômes d'empoisonnement et leurs effets sont visibles à l'intérieur de la ruche. Les abeilles peuvent sembler ramper, être mal à l'aise et immobilisées. Les abeilles gardiennes de l'entrée peuvent être plus occupées que d'habitude parce qu'elles rejettent les abeilles mortes et mourantes. Un monticule d'abeilles mortes peut être découvert devant l'entrée. Lorsque du pollen et du nectar nocifs sont introduits dans la ruche, ils peuvent tuer les abeilles allaitantes qui nourrissent les larves. En conséquence, le couvain peut être ignoré, ce qui a un impact négatif sur l'essaim.

En général, les abeilles ouvrières sont les premières à périr par le poison directement ou simplement en se déplaçant sur une zone traitée. L'approvisionnement en eau de l'essaim peut potentiellement être contaminé.

Les agriculteurs qui informent l'apiculteur de la date des pulvérisations peuvent contribuer à en minimiser l'impact.

Les abeilles doivent être déplacées ; il est possible de les transporter en toute sécurité à huit kilomètres du lieu de pulvérisation. Avec certains insecticides, les abeilles peuvent retourner dans la région après trois jours.

Bien qu'il soit utile de couvrir les ruches, il est important de prévoir une ventilation suffisante, un espace supplémentaire pour se rassembler et un accès à de l'eau propre.

Couvrez les ruches la nuit précédant la pulvérisation et ouvrez-les le lendemain matin, mais seulement après l'évaporation de la rosée. Lorsque le poison est humide, il est mortel, mais il devient moins toxique en séchant. Il est important de prendre des précautions pour éviter que la toxine ne se répande dans les vergers ou les champs avoisinants sous l'effet du vent.

Ennemis

Plusieurs ennemis naturels se nourrissent des abeilles.

Guêpes pirates

Parmi ces prédateurs, on trouve la guêpe pirate (Palarus latifrons). Alors que la femelle guêpe garde un œil vigilant depuis son nid situé à proximité, cette guêpe prédatrice est le plus souvent observée à l'entrée des nids. Elle attrape les abeilles qui reviennent de leur butinage et les ramène dans son nid, qu'elle enterre souvent dans un sol sablonneux avec une couvée pouvant compter jusqu'à trois abeilles.

La guêpe femelle laisse parfois tomber au sol l'abeille qu'elle a capturée. Dès que l'abeille cesse de lutter, la femelle enfonce sa bouche dans la sienne et utilise son dos recourbé pour expulser le contenu de l'estomac à miel de l'abeille. Lorsqu'elle a terminé, elle s'en va chercher de la nourriture.

Parfois, lorsque des centaines de guêpes sont présentes, les abeilles cessent de travailler et restent à l'intérieur de la ruche. Les guêpes peuvent détruire complètement une colonie d'abeilles.

La meilleure façon de résoudre ce problème est de déplacer les abeilles ou de tromper les abeilles pirates en les faisant tomber dans des pièges à eau avec des miroirs à l'intérieur. Remplissez un plat d'eau et d'un peu de kérosène ; le kérosène tue les guêpes dès qu'elles sautent dans l'eau.

Une guêpe moins destructrice, le pirate jaune des abeilles, parfois appelé loup-garou (Philanthus triangulum), se nourrit principalement d'abeilles butineuses.

Guêpes européennes

Vespula germanica, souvent connue sous le nom de "veste jaune", est observée dans la province du Cap occidental depuis près de quarante ans et semble se répandre. Elles ne semblent pas causer beaucoup de dégâts, mais elles créent d'énormes nids et se nourrissent des abeilles qui sortent de la ruche. Découverte au Cap en 2009, la guêpe européenne du papier (Polistes dominulus) semble se développer rapidement. Il n'y a pas de documentation sur la prédation des abeilles.

Les oiseaux chassent également les abeilles. Ils peuvent empêcher les abeilles de butiner, bien que cette mesure ne soit généralement que temporaire. Parmi ces oiseaux, on trouve le drongo à queue fourchue (Dicrurus adsimilis), le martinet des Alpes (Apus melba) et quelques guêpiers (Merops apiaster). À part peut-être cacher les colonies derrière des arbustes pour réduire l'impact sur les oiseaux, il n'y a pas de solution réelle à ce problème.

Les crapauds et les souris peuvent occasionnellement pénétrer dans les ruches, mais ils ne représentent qu'une nuisance mineure. Bien qu'ils créent du désordre et dévorent le miel et le pollen, de petites entrées devraient les tenir à l'écart.

Les babouins posent des problèmes dans certaines régions. Les ruches peuvent être munies de piquets pour empêcher les babouins d'y pénétrer et réduire les dégâts.

Le blaireau peut faire des ravages en cas de pénurie de nourriture, en particulier lorsqu'il se trouve à proximité de la flore naturelle. Les blaireaux mâles peuvent détruire les ruches. Les agriculteurs ont été contraints d'utiliser des pièges à égrenage et d'autres méthodes immorales pour attraper les blaireaux, mais la pression du marché en faveur d'un miel respectueux des blaireaux a permis de mettre un terme à ce massacre sans remords. Les blaireaux seront tenus à distance en suspendant les colonies d'abeilles dans les arbres, en plaçant les ruches sur des supports à 1,2 mètre au-dessus du sol ou en utilisant des sangles pour fixer les ruches au sol.

Les fourmis peuvent constituer une menace sérieuse. Il s'agit notamment de la fourmi pugnace (Anoplolepis custodiens), de la fourmi domestique brune (Phedole megacephala), de la fourmi d'Argentine (Linepithema humile) et de la fourmi pilote Dorylus (Anomma). Il est préférable de maintenir les fourmis à l'extérieur des ruches plutôt que d'utiliser du poison comme remède. Placez les ruches sur des socles et entourez les piliers de Plantex ou d'autres barrières anti-fourmis. Si les termites peuvent dévorer une ruche en bois, les mêmes précautions doivent être prises pour garder les ruches hors de leur portée.

Vandalisme et vol

Les humains sont à l'origine des vols et des actes de vandalisme, car ils pénètrent dans les ruchers les plus sécurisés, ouvrent les ruches et s'emparent du miel. La seule chose que vous puissiez faire est de garder des abeilles défensives, ce qui est à peu près tout ce que vous pouvez faire !

Dans les régions arides, le changement climatique et les sécheresses prolongées qui en découlent pourraient entraîner une augmentation des incendies de forêt. Ceux-ci sont souvent provoqués par des personnes qui mettent le feu au veld, que ce soit intentionnellement ou par erreur. Le meilleur moyen d'éviter que le feu ne détruise votre rucher est de veiller à ce que la zone qui l'entoure soit dépourvue de plantes.

Confidentiel

5.6 Litiges

Conformément au Décret n°91-1197 du 27 novembre [...] présente lettre de mission sera soumise à la juridiction [...] de Paris.

5.7 Désistement

Vous pouvez procéder à la résiliation anticipée et [...] condition de le notifier au siège social, par courrier r[...] six (6) mois avant la date anticipée de la cessation eff[...]

Une telle résiliation n'aura pas pour effet de vous déga[...] du paiement de la rémunération variable due à Dem[...] où vous souhaiteriez transférer votre dossier à un a[...] l'ensemble des honoraires fixes, frais de justice (déb[...] payés pour votre compte par Deminor au prorata de [...] l'ensemble des demandes de dommages et in[...] l'Indemnisation. Les diligences engagées pour la réa[...] facturées en fonction du temps passé au tarif horair[...]

5.8 Relation entre un avocat et son client - Conform[...]

Compte tenu de la nature du Litige et de la dimens[...]

Chapitre 8 : COMMENT METTRE EN PLACE ET REMPLIR SA PREMIÈRE RUCHE D'ABEILLES

Vous établissez une nouvelle colonie ? Les apiculteurs, qu'ils soient novices ou chevronnés, trouveront cette période passionnante. C'est l'occasion de protéger l'environnement, d'en apprendre davantage sur le fonctionnement des colonies d'abeilles et de récolter un miel naturel délicieux.

Le choix de l'équipement approprié, la sélection de l'emplacement idéal et la vérification de toutes les conditions d'installation sont essentiels pour maximiser les chances de survie de la colonie.

Construire sa ruche

Vous aurez besoin de :

- Deux boîtes à couvain/chambres remplies de cadres
- Un écran antiparasitaire
- Toit
- Un cadre de mangeoire rempli de sirop de sucre
- Cerclage de la ruche - optionnel
- Une planche de fond avec un réducteur d'entrée
- Tapis de ruche

Une fois que vous avez acquis les outils nécessaires à la construction, choisissez un espace sec et plat pour créer la ruche. L'entrée de la ruche doit idéalement être orientée vers le sud, mais veillez à ne pas la placer en face d'un voisin, d'une allée ou d'une aire de jeu. Si elle fait face à une clôture ou à une haie, les abeilles apprendront rapidement à voler par-dessus.

Maintenant, commençons.

La planche inférieure doit être placée sur le sol ; le réducteur d'entrée doit être ajusté à la taille la plus basse. Une fois la colonie établie, il est possible de l'agrandir.

Si nécessaire, placez une grille antiparasitaire au-dessus de la base. Ils peuvent être utilisés pour appliquer des traitements et sont parfaits pour vérifier la présence d'acariens Varroa.

Placez la première boîte que vous avez remplie de cadres sur la base. Retirez et remplacez quelques cadres par votre cadre nourrisseur, puis versez-y du sirop de sucre refroidi. Les abeilles disposent ainsi d'une source de nourriture constante pendant qu'elles consacrent toute leur énergie à la construction de nouveaux rayons.

Placez la deuxième chambre à couvain, qui a été remplie de cadres, sur la première. Cela permet à la colonie de se développer.

Placez le tapis de la ruche sur la deuxième chambre à couvain. Cela permet de se protéger contre les températures très froides.

Si la ruche est exposée au vent ou aux intempéries, recouvrez l'ensemble du bâtiment d'un toit et fixez-le à l'aide d'un cerclage de ruche.

Si vous souhaitez peindre vos ruches avant l'arrivée des abeilles.

Maintenant que vous avez construit une nouvelle ruche avec succès, il est temps de familiariser les nouvelles résidentes avec leur maison. Cela peut prendre un certain temps, il faut donc faire preuve de patience et manipuler les abeilles avec précaution.

Présentation des abeilles

Vous aurez besoin de :

- Outil de la ruche
- Fumeur de soufflets
- Combinaison et gants de protection
- Colonie d'abeilles, y compris la reine
- Flacon pulvérisateur propre
- Brosse à abeilles
- Bonbons à la reine (préparés à l'avance)

Peupler sa ruche

Mettez de l'eau dans votre flacon pulvérisateur, prenez vos outils et votre brosse, allumez votre fumoir et portez vos gants et votre combinaison de protection.

Retirez les trois cadres les plus à l'intérieur de la première et de la deuxième chambre à couvain pour permettre aux abeilles d'entrer.

Pour simplifier votre boîte ou votre paquet d'abeilles, ouvrez-le et donnez-leur un rapide coup de jet d'eau pour les calmer et les alourdir.

Pour faire taire davantage les abeilles et saboter leur communication, dirigez quelques bouffées de fumée vers elles.

Retirez avec précaution le nourrisseur transportable s'il est fourni avec vos abeilles.

Sortez la cage de la reine et éliminez les abeilles qui ont essaimé. Assurez-vous qu'elle va bien, puis mettez la cage de côté.

Les abeilles doivent être versées dans la ruche. Il se peut que vous deviez secouer vigoureusement la boîte pour les faire sortir.

S'il y a encore des abeilles dans la boîte de transport, tournez-la face à la ruche et les abeilles restantes rejoindront bientôt les autres.

Une fois que toutes les abeilles sont sur les cadres de la chambre à couvain, replacez avec précaution les trois cadres que vous avez retirés précédemment.

Gérer votre reine

Retirez le bouchon de la cage et couvrez l'ouverture avec votre doigt pour empêcher la reine de s'échapper.

Mettez le bonbon à la reine que vous avez préparé précédemment dans la bouche d'égout.

Assurez-vous que la cage à reine est bien placée entre les cadres centraux, côté grille vers le bas. Les abeilles consommeront le candi de la reine au cours des deux ou trois jours suivants, libérant ainsi la reine.

Remplacez la deuxième chambre à couvain, les bandes de la ruche, le toit et le tapis de la ruche, puis laissez les abeilles tranquilles pendant 8 jours.

La semaine suivante

Retirez le toit, le tapis de la ruche et les cerclages au huitième jour de la ruche. Soulevez doucement le cadre le plus à l'extérieur de la chambre à couvain, puis écartez un peu les autres cadres. Vous pourrez ainsi examiner les abeilles sans les blesser.

Soulevez le cadre central et tenez-le face au soleil. Des points blancs un peu plus petits que des grains de riz doivent être visibles. Ce sont des œufs, ce qui indique que la colonie se développe et que votre reine se porte bien.

Replacez les deux cadres que vous avez retirés avec précaution.

Contrôlez régulièrement vos abeilles. Une fois qu'elles ont occupé la plupart des deux chambres à couvain, vous pouvez envisager d'ajouter une hausse à miel ou une grille à reine pour pouvoir commencer à récolter.

La patience est le secret d'une colonie saine.

Vous devriez maintenant connaître toutes les étapes de la construction d'une ruche sûre et fiable pour vos nouvelles abeilles. La colonie doit se développer avant que vous puissiez commencer à récolter du miel, mais l'attente en vaut la peine.

TRAITEMENT DES PIQÛRES D'ABEILLES ET DES RÉACTIONS ALLERGIQUES

Si vous pensez être victime d'une réaction allergique grave (anaphylaxie), qui se caractérise par un gonflement de la gorge et du visage, des nausées, des difficultés respiratoires, un évanouissement ou une perte de conscience, composez le 911 pour obtenir immédiatement une aide médicale.

À quoi ressemble une piqûre d'abeille ?

La plupart des gens sont conscients de leurs piqûres d'abeilles. Cela fait mal. En outre, le coupable se trouve souvent à proximité ou a laissé son dard derrière lui. Cependant, il y a des moments où tout ce que l'on sait, c'est que l'on a été mordu ou piqué. C'est particulièrement vrai pour les jeunes enfants.

Lorsqu'une abeille vous pique, votre corps peut avoir quatre réactions possibles.

Réactions locales : Ce sont les types de réactions les plus typiques. Ces piqûres ressemblent à une grave piqûre de moustique, avec un gonflement à l'endroit de la piqûre. Il peut rester un petit dard brun dans la peau, et la région sera rouge avec un centre blanc possible. Il peut également y avoir une ecchymose.

Réactions locales importantes : Il s'agit du deuxième type de réaction le plus fréquent. Elles sont semblables aux réactions locales, sauf que la zone de réaction et le gonflement environnant sont souvent plus importants.

Réactions toxiques : Ces réactions sont rares. Elles se produisent lorsque l'organisme réagit de manière toxique au venin du dard, ce qui peut provoquer des nausées ou des vertiges.

Réactions allergiques/anaphylactiques : Les réactions anaphylactiques sont assez rares. Elles résultent d'une réaction allergique importante à la piqûre dans votre corps. Si cela se produit, vous devez recevoir des soins médicaux immédiatement. Composez le 911. Les signes d'alerte sont décrits ci-dessous.

La plupart d'entre nous réagissent localement à une piqûre d'abeille. Vous pouvez facilement les traiter avec des produits ménagers courants et les premiers soins.

Comment traiter une piqûre d'abeille

Vous pouvez traiter une réaction localisée à une piqûre d'abeille à la maison, ce qui vous évitera de devoir consulter un médecin. S'il y a un dard, vous devrez l'enlever avant de le traiter.

Appliquer le miel comme remède contre les piqûres d'abeilles

Le miel est un autre remède naturel que vous pouvez essayer. Curieusement, le miel a tendance à soulager les piqûres d'abeilles enragées. Étant donné que le miel est souvent le composant principal de nombreuses pommades bricolées, cette méthode de traitement peut être plus efficace qu'on ne le pense.

Premiers soins en cas de piqûre d'abeille

Si vous recherchez des solutions plus éprouvées et plus fiables que les remèdes maison précédents, vous avez des options, telles que les médicaments contre la douleur et les allergies.

L'ibuprofène (Advil ou Motrin) ou l'acétaminophène (Tylenol) peuvent être utilisés pour soulager la douleur. Ces médicaments ne doivent être pris qu'une seule fois, car l'inconfort devrait disparaître en quelques heures. Respectez scrupuleusement les instructions.

Essayez la crème à l'hydrocortisone si la piqûre vous gêne parce qu'elle continue à vous brûler ou à vous démanger. Vous pouvez l'utiliser trois fois par jour. Vous pouvez également réfrigérer la crème pour plus de confort, car le froid est apaisant. La crème à l'hydrocortisone ne doit être utilisée pour traiter la piqûre d'abeille que pendant quelques jours et pas plus d'une semaine.

Les antihistaminiques tels que la loratadine ou la cétirizine (marques Zyrtec, Claritin et Reactine) sont des comprimés que vous pouvez prendre une fois par jour en cas de démangeaisons modérées à sévères. Vous pouvez les obtenir en vente libre dans votre pharmacie locale et ils apportent également un soulagement.

Réactions allergiques et toxiques aux piqûres d'abeilles

Très rarement, une piqûre d'abeille peut provoquer des réactions allergiques et toxiques. Bien que ces deux types de réactions soient potentiellement mortelles, elles peuvent être traitées avec succès si elles sont détectées à temps et dans des conditions appropriées.

Anaphylaxie

Le pourcentage de personnes présentant une réaction anaphylactique après une piqûre d'abeille n'est que de 0,04 %. Cette réaction peut se produire après une seule piqûre et commence souvent dans les vingt minutes qui suivent. Vous n'êtes pas susceptible de développer une anaphylaxie si, après deux heures, vous n'avez pas eu de symptômes. Ces symptômes sont notamment les suivants

- Gonflement de la langue
- Urticaire
- Hypotension (baisse de la tension artérielle)
- Evanouissement, perte de connaissance
- Respiration sifflante, difficultés respiratoires
- Choc

- Crampes abdominales

En cas de suspicion d'anaphylaxie, composez toujours le 911. Il est important de noter que si vous avez déjà souffert d'anaphylaxie, le risque de la subir à nouveau est de 25 à 65 % après une piqûre. Toutefois, les injections d'allergènes réduisent ce risque à moins de 3 %. Il serait donc judicieux de discuter avec votre médecin d'un traitement préventif contre les allergies si vous êtes exposé à un risque d'anaphylaxie.

Quand consulter, quand appeler un médecin ?

Si une personne piquée par une abeille présente des signes d'une des réactions graves énumérées ci-dessus ou a déjà eu une réaction potentiellement mortelle à une piqûre, elle doit immédiatement contacter le 911.

Dans les deux heures suivant la piqûre, rendez-vous aux urgences ou dans un centre de soins d'urgence si vous présentez l'un des symptômes suivants, qui pourraient indiquer une allergie aux piqûres d'abeilles :

Démangeaisons, gonflement ou urticaire sur d'autres parties du corps que le site de la piqûre.

Crampes abdominales ou vomissements

CONCLUSION

L'apiculture est un hobby stimulant mais gratifiant qui allie la science, l'art et un profond respect pour le monde naturel. Elle contribue de manière significative à la sécurité alimentaire, à la biodiversité et à la préservation des écosystèmes. Que ce soit en milieu urbain ou rural, les apiculteurs sont des éducateurs et des gardiens de l'environnement qui promeuvent la préservation des abeilles.

Face aux enjeux environnementaux actuels, les apiculteurs jouent un rôle de plus en plus important. Ainsi, l'apiculture devient plus qu'un métier, elle devient un mode de vie qui contribue à la santé de l'écosystème de notre planète et renforce le lien entre la vie des hommes et celle des abeilles.

Cependant, l'apiculture a un impact significatif sur notre écosystème et nos systèmes alimentaires d'une manière que l'on ne soupçonne pas et qui va bien au-delà de nos papilles gustatives.

L'apiculture est souvent pratiquée à des fins diverses, notamment l'aide à la pollinisation croisée, l'élevage de produits, la vente et l'acquisition de miel et d'autres sous-produits apicoles tels que la cire ou la propolis. Les personnes qui souhaitent se lancer dans l'apiculture doivent toujours se renseigner sur les aspects juridiques dans leur localité avant de commencer. Les ruches doivent également être situées à proximité de fleurs, d'un point d'eau et d'un endroit suffisamment ensoleillé. Le meilleur endroit est celui que les prédateurs des abeilles ne peuvent pas atteindre facilement.

La clé d'une gestion apicole réussie est l'utilisation habile de techniques et d'informations pour maximiser le potentiel productif de la colonie d'abeilles mellifères tout en maintenant un ratio de production favorable par rapport aux dépenses d'investissement, d'exploitation et de main-d'œuvre.

Les abeilles étant essentielles à la pollinisation des plantes, ce qui permet à ces dernières de produire de l'oxygène - nécessaire à la survie de l'homme - et les populations d'abeilles ayant récemment diminué dans le monde entier, c'est le moment idéal pour se lancer dans l'apiculture, même s'il ne s'agit que d'un simple passe-temps. Alors, qu'attendez-vous ? Créez une entreprise apicole dès aujourd'hui.

Merci d'avoir choisi ce livre. N'hésitez pas à laisser un commentaire sur **Amazon** si ce livre a eu un impact positif sur vous

.

Cliquez ici pour accéder aux **conseils de dépannage rapide** :

L'APICULTURE EN TOUTE SIMPLICITÉ

RÉFÉRENCES

Döke, M. A., Frazier, M., & Grozinger, C. M. (2015). Les abeilles mellifères hivernantes : Biologie et gestion. Current Opinion in Insect Science, 10, 185-193.

www.beekeepclub.com

www.medicalnewstoday.com

www.ecrotek.com.au

https://thebeeinfo.com

https://beebuilt.com

https://beekeepinginsider.com

www.beekeepingmadesimple.com

https://www.terminix.com

Printed by Amazon Italia Logistica S.r.l.
Torrazza Piemonte (TO), Italy